坐着时间去飞行

探索自然奥秘的科学之旅

张燕翔 编著

中国科学技术大学出版社

内 容 简 介

本书是与"十三五"国家重点出版物出版规划项目《坐着时间去飞行——互动探索自然奥秘的科学之旅》配套的纸质版图书,与项目内容相对应,依次讲解各个主题,每个主题下都配有高清照片和相应的拓展知识,使读者进一步熟悉科学变化,获得更多相关知识。而图书内容又不依附于项目内容,所以本书还可独立使用。

图书在版编目(CIP)数据

坐着时间去飞行:探索自然奥秘的科学之旅/张燕翔编著.—合肥:中国科学技术大学出版社,2019.1
ISBN 978-7-312-04619-3

Ⅰ.坐… Ⅱ.张… Ⅲ.科学知识—普及读物 Ⅳ.Z228

中国版本图书馆CIP数据核字(2019)第000942号

出版	中国科学技术大学出版社
	安徽省合肥市金寨路96号,230026
	http://press.ustc.edu.cn
	https://zgkxjsdxcbs.tmall.com
印刷	鹤山雅图仕印刷有限公司
发行	中国科学技术大学出版社
经销	全国新华书店
开本	787 mm×1092 mm 1/16
印张	12
字数	150千
版次	2019年1月第1版
印次	2019年1月第1次印刷
定价	50.00元

前　言

世间万物，无一不在变化，有的肉眼可察，更多的要经长时间观察才能被发现。观察是人们认识世界、获取知识的重要途径，然而自然界及科学过程中缓慢发生或高速发生的许多变化，都难以被肉眼直接或完整地观察到。即便它们被录制成视频，但由于视频本身并非互动媒体，而且视频压缩过程中的关键帧机制导致人们在拖动视频时不可能精确到每一帧，这些自然或科学现象发生发展过程的细节仍然难以被人们细致地观察。但是这些过程对于人们的科学认知却有着非常重要的建构意义。

基于此，针对高速或缓慢的科学现象发展及变化过程，作者团队梳理出149个重要及典型的科学现象，采用延迟摄影及高速摄影手段对它们进行记录，并且为所记录的素材设计出一种时间非线性互动式播放模式，同时开发了与此相配套的播放器。虽然名为播放器，但是实际上已经完全没有了传统视频播放器所包含的"播放"的概念——科学过程的展示完全取决于用户的互动，用户可以在互动的模式下非线性地体验自然及科学过程细节的变化，获得更好的认知效果，就如同在与时间进行互动一般。该项目入选"十三五"国家重点出版物出版规划项目，并获得了国家出版基金的支持。

为了给读者带来更好的认知体验，实现更佳的传播效果，我们编写了本书，它是与上述项目内容相配套的纸质版图书，与项目内容相对应，依次讲解各个主题，而且每个主题下都配有照片和相应的拓展知识，使读者进一步熟悉科学过程，获得更多相关知识。这也使得本书还可独立使用，不局限于和上述项目内容配套使用。

本书在编写过程中得到了很多人的帮助，特别是叶卉、张伟伟、孙雪莲、孔莉、沈易润、陆亚萍、李莹、陈佳佳、叶珍珍等人做了很多资料收集工作，叶卉、张云程、张伟伟、沈易润、叶珍珍、孙雪莲、孔莉、王君妮、马鹏飞、邹莉莉、丁敏、余佳绒等人参与了图片素材的拍摄，另外中国科学技术大学沈显生教授和范洪义教授对内容进行了认真审校，在此一并表示感谢。

编者虽已竭尽全力，但疏漏之处在所难免，不当之处敬请读者指正。

张燕翔
2018年10月

目 录

前言 / i

第1篇 生物篇 / 1

1 种子发芽 / 1

1.1 小草发芽 / 1

1.2 红薯发芽 / 2

1.3 土豆发芽 / 3

1.4 葱发芽 / 4

1.5 大蒜发芽 / 5

1.6 生姜发芽 / 6

1.7 黑豆发芽 / 7

1.8 花生发芽 / 8

1.9 蚕豆发芽 / 10

1.10 小麦发芽 / 11

1.11 豌豆发芽 / 12

2 植物秘密 / 13

2.1 水果腐烂 / 13

2.2 香蕉自熟 / 14

2.3 草莓脱水 / 15

2.4 番木瓜脱水 / 16

2.5 竹叶卷曲 / 17

2.6 洋葱长根 / 18

2.7 向光性生长 / 19

2.8 还魂草复活 / 21

2.9 树叶的生长 / 22

3 春暖花开 / 24

3.1 油菜花 / 24

3.2 海棠花 / 25

3.3 马蹄莲 / 26

3.4 蒲公英花 / 27

3.5 仙人球花 / 28

3.6 山茶花 / 29

3.7 桃花 / 31

3.8 蜡梅花 / 32

3.9 马铃薯花 / 34

3.10 玉兰花开 / 35

3.11 玉兰花谢 / 36

3.12 蒲公英绒毛 / 37

4 水果滋味 / 39

4.1 葡萄 / 39

4.2 龙眼 / 40

4.3 苹果 / 41

4.4 猕猴桃 / 42

4.5 李子 / 43

4.6 桃子 / 44

4.7 柿子 / 45

4.8 橘子 / 46

4.9 石榴 / 47

4.10 芒果 / 48

4.11 柠檬 / 49

4.12 圣女果 / 50

4.13 火龙果 / 51

4.14 梨 / 52

4.15 枣 / 53

4.16 香蕉 / 54

5 真菌生长 / 55

5.1 酵母菌 / 55

5.2 西红柿发霉 / 57

5.3 霉菌生长 / 58

5.4 毛霉菌 / 60

5.5 桃子发霉 / 62

5.6 灵芝 / 63

5.7 榆黄菇 / 64
5.8 平菇 / 65

6 动物奥秘 / 66

6.1 受精卵发育 / 66
6.2 胚胎形成 / 67
6.3 小鸡出壳 / 69
6.4 蚕结茧 / 71
6.5 蚂蚁的交流 / 73

第 2 篇 化学篇 / 75

7 置换反应 / 75

7.1 锌-铜 / 75
7.2 铁-铜 / 76
7.3 铝-铜 / 77
7.4 镁-锌 / 79

7.5 镁-钴 / 80

8 燃烧 / 81

8.1 蜡烛燃烧 / 81
8.2 蜡烛复燃 / 82
8.3 喷火 / 83
8.4 火柴点燃 / 84
8.5 镁条燃烧（一）/ 85
8.6 镁条燃烧（二）/ 86
8.7 锌的燃烧 / 87
8.8 熄灭蜡烛 / 89

第 3 篇 物理篇 / 91

9 焰色反应 / 91

9.1 锰 / 91
9.2 钙 / 93

9.3 钠 / 95
9.4 锂 / 97
9.5 锶 / 99
9.6 铜 / 100

10 光与色 / 101

10.1 冰雕 / 101
10.2 视觉暂留 / 102

11 能量与力 / 103

11.1 滚摆 / 103
11.2 能量转化（一）/ 104
11.3 能量转化（二）/ 105
11.4 向心力 / 106
11.5 惯性 / 107
11.6 失重 / 108
11.7 平衡 / 109
11.8 弹力 / 110
11.9 表面张力 / 111

11.10 肌肉运动 / 112

12 碰撞 / 113

12.1 牛顿摆 / 113
12.2 台球碰撞 / 114
12.3 果冻碰撞 / 115
12.4 溅起水花 / 116
12.5 水流方向变化 / 117
12.6 溅起水滴 / 118
12.7 篮球碰撞 / 119
12.8 摔碎杯子 / 120
12.9 砸普通玻璃 / 121
12.10 砸钢化玻璃 / 122
12.11 酸奶滴落 / 123

13 形变 / 124

13.1 水滴滴落 / 124
13.2 弹簧掉落 / 125

13.3 扎破水气球 / 126
13.4 捏碎鸡蛋 / 127
13.5 肥皂泡破灭 / 128
13.6 钢花 / 130
13.7 气球反弹 / 132
13.8 吹破泡泡糖 / 133

14 振动 / 134

14.1 音响振动 / 134
14.2 音叉振动 / 135
14.3 镲的振动 / 136
14.4 橡皮筋振动 / 137
14.5 硬币自转 / 138
14.6 打嘟 / 139
14.7 水的搅动 / 140
14.8 弹簧振动 / 141

15 状态变化 / 142

15.1 干冰升华 / 142
15.2 冰晶形成（一）/ 143
15.3 冰晶形成（二）/ 145
15.4 水滴结冰 / 146
15.5 干冰遇水（一）/ 148
15.6 干冰遇水（二）/ 150
15.7 干冰遇水（三）/ 151
15.8 干冰气球 / 152
15.9 干冰肥皂泡 / 153
15.10 雪糕融化 / 154
15.11 冰块融化 / 155
15.12 打开汽水 / 156
15.13 泼水成冰 / 157

16 结晶过程 / 158

16.1 硫酸铜 / 158
16.2 重铬酸钾 / 159
16.3 醋酸钠 / 161
16.4 氯化铵 / 162
16.5 白糖 / 164
16.6 食盐 / 165
16.7 味精 / 166
16.8 内酯 / 168

17 神奇材料 / 170

17.1 笔头钢 / 170
17.2 磁流体 / 171
17.3 荷叶疏水 / 173
17.4 记忆合金（一）/ 174
17.5 记忆合金（二）/ 175
17.6 气凝胶 / 176
17.7 镓融化 / 178
17.8 蚕茧拉丝 / 179
17.9 黏性麦芽糖 / 181

第1篇 生 物 篇

1 种子发芽

1.1 小草发芽

小草生长需要的主要条件有：空气、阳光、水、生长因子、矿物质以及合适的温度。如果用单侧光照射，小草顶端的生长素就会向另一侧(背光侧)移动，导致背光侧部分生长迅速，所以小草向光生长。以上每幅图的中间两盆小草都向上生长，而两侧的两盆都倾向中间生长，是因为光源在中央的缘故。

1.2 红薯发芽

当环境温度控制在 15～25 ℃时,保持一定的湿度就可以让红薯发芽。将发芽的红薯放在水里(注意要让红薯一头浸泡在水中,一头露在空气中),4～5天之后,红薯苗就会开始加速生长,长出紫红色的藤蔓。红薯是一种生命力极强的农作物,仅将一段红薯藤插进土里,它就能生根、发芽。红薯发芽后不会产生对人体有害的物质,还可以吃,只是红薯发芽后其营养和水分会消耗一些,口感会变差。

1.3 土豆发芽

土豆的生长过程包括：休眠期、发芽期、幼苗期、发棵期、结薯期。土豆在收获后进入2～3个月的休眠期，这时其新陈代谢过程减弱，抗性增强，即使环境条件适宜也不会发芽。休眠期结束后，若条件合适，温度在12℃以上，土豆的呼吸作用和水解作用就大大增强，一部分水解产物转移到生长点，用于幼芽生长。土豆的发芽时间跟环境有关，一般在1个月左右，之后会进入半个月左右的幼苗期。发芽后的土豆含有龙葵素，龙葵素对胃肠道黏膜有较强的刺激性和腐蚀性，而且对中枢神经有麻痹作用，所以发芽后的土豆应禁止食用。

1.4　葱发芽

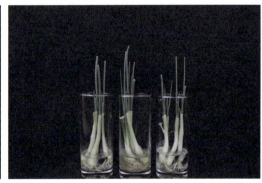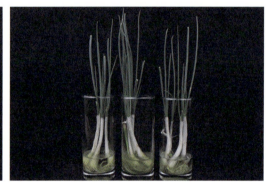

葱的适应性较强,它的生长主要受温度、水分、光照、土壤、肥料等因素的影响。将切除叶片的葱的根部浸入水中,第二天葱就会重新发出新芽,7天左右就能长出较长的叶。葱的叶片呈管状,叶片表面有蜡质,可以有效减少水分的蒸发,起到保水抗旱的作用,因此它具有耐旱不耐涝的特点。葱虽耐旱不耐涝,但因其根系较短、吸水能力较差,在各生长期要及时灌溉和排涝。葱既不耐阴,也不喜强光,对光照强度的要求为中度。

1.5 大蒜发芽

大蒜一般在每年的5月中下旬收获,在炎热的夏季休眠。到了秋季天气转凉后,它就从休眠中醒来,发芽生长,开始新一轮的生长周期。将大蒜根部浸入水中,7天左右大蒜就会发芽生长出蒜苗。俗话说:"大蒜端午节来家,中秋节下地。"大蒜在15～20 ℃正常发芽。大蒜发芽会消耗其营养物质,同时也会降低其食用口感,甚至导致蒜瓣腐烂。大蒜头发出的芽就是蒜苗(有的地方叫青蒜),蒜苗里抽出的花茎(葶)就是蒜薹。

1.6 生姜发芽

生姜在15 ℃以上开始萌芽，幼苗生长的适宜温度为20～25 ℃，茎叶生长的适宜温度为25～28 ℃，15 ℃以下停止生长。生姜耐阴而不耐强日照，对日照长短要求不严格，栽培过程中只需避免强烈阳光的照射即可，它在黑暗环境下更容易发芽。将发芽的生姜根部浸入水中，过不了几天，其嫩芽就越长越高，半个月左右就会长出根和叶子。生姜的根系不发达，耐旱抗涝能力差，故对水分的要求格外严格。在生长期间，土壤过干或过湿都对生姜的生长不利，容易引起生姜腐烂。腐烂的生姜含有较多黄樟素，有剧毒，能损害人的肝脏，所以腐烂的生姜不能食用。

1.7 黑豆发芽

黑豆在合适的温度与湿度下可以发芽。黑豆发芽的最佳条件为：浸泡温度25 ℃，浸泡时间20 h，萌芽温度25 ℃。在种植黑豆时，先用清水浸泡一段时间，因为种子吸收充足的水分更容易发芽，但为了保持种子的呼吸作用，水不可过多。将浸泡过的种子放入土壤中，种子便会发芽，一般需要3～7天。

1.8 花生发芽

花生因为内部水分流失而变干,但是只要给予花生足够的水分,它就可以"苏醒"过来。花生适宜的发芽温度为20 ℃左右,在适合的温度下,一般5～6天就能发芽。花生发芽后,根尖会寻找水分,渐渐长成长长的根系,慢慢爬满容器的底部;同时芽会发育成绿色的小嫩叶,因为生长细胞的趋光性,逐渐向上生长。

1.9 蚕豆发芽

在种植蚕豆前,需将蚕豆浸泡一段时间,充分吸收水分后的蚕豆更易发芽。蚕豆种子萌发的适宜温度为25 ℃,一般需要4~7天。蚕豆发芽是在蚕豆的种脐处发生的,先伸出来的是胚根,它会向下生长,寻找水分,这就是蚕豆的根尖。在胚根"破壳"而出的部位同时长出嫩(胚)芽,嫩芽因为细胞的趋光性而向上生长。而蚕豆的根向下生长有两个原因:一是它们要向土壤深处寻找水;二是根冠细胞中的"平衡石"感应地球的引力作用。

1.10 小麦发芽

小麦种子(颖果)发芽的最适宜温度为15～20℃。在最适宜温度范围内,小麦种子发育最快,发芽率也最高,而且长出来的麦苗也最健壮。小麦发芽时先伸出来的是胚芽鞘,在鞘里包裹着的才是真正的叶片。在适宜条件下,小麦种子一般3天发芽,6～7天出苗。小麦幼苗的趋光性发生在胚芽鞘顶端,而不在叶片先端。

1.11 豌豆发芽

低温下豌豆种子发芽缓慢,而在16～18 ℃时,4～6天就能出苗。豌豆是长日照植物,喜湿润气候,耐寒,不耐热。豌豆的根系深,稍耐旱,播种时或幼苗期如果排水不良易烂根。豌豆因自毒作用,忌重茬。

2 植物秘密

2.1 水果腐烂

第1天

第6天

第12天

水果腐烂是微生物的分解作用,或水果自身呼吸消耗并产热导致的。这里的微生物包括细菌和真菌,植物的腐烂大部分和真菌有关。熟透的香蕉在夏天7天左右就可以完全腐烂,葡萄10天左右腐烂,桃、李、梨一般15天左右脱水至腐烂,西红柿一般20天左右脱水至腐烂,而苹果则需要1个月左右甚至更久腐烂,速度较慢。

2.2 香蕉自熟

水果即使被采摘后仍能进行呼吸作用。香蕉是一种"呼吸跃变型"果实,它在从成熟到衰腐的过程中,会出现一个呼吸强度快速增加、内源乙烯大量产生的阶段。乙烯作为植物激素能够催熟水果。经过呼吸高峰后香蕉就会迅速衰腐,产生许多小黑斑。之所以在青香蕉阶段采摘香蕉,是因为此时香蕉尚未进入呼吸跃变阶段。将成熟期的香蕉和其他水果放在一起,能起到催熟作用。在夏季,已采摘的表皮呈青色的香蕉一般3天左右就会熟透变为黄色,随之出现黑斑并且越来越多,再过4天左右就会腐烂。

2.3　草莓脱水

　　新鲜草莓的细胞中含有大量水分。植物细胞的结构包括细胞壁、细胞膜、细胞质、细胞核；其中细胞质包括细胞质基质和细胞器；而细胞器包括内质网、线粒体、高尔基体、液泡、核糖体、溶酶体、叶绿体等。瓜果的果肉细胞部分含水量可超过90%，主要集中在植物液泡中。植物液泡贮存水分以调节细胞渗透压、膨压，维持植物形态。当环境水分含量过低时，草莓细胞无法从外界获取水分，细胞内的水分会因为环境干燥而蒸发，细胞失水而干瘪，草莓颜色也变成暗红色。

2.4 番木瓜脱水

番木瓜的含水量通常在80%以上,不同品种间有差别。番木瓜是热带水果,肉质多汁。其果皮较厚,对果实内部的细小种子具有保护作用。番木瓜被切开后,瓜瓤直接暴露在干燥环境中,外果皮的保护作用丧失,这在某种程度上加剧了其细胞的失水速度,一段时间后番木瓜脱水干瘪。

2.5 竹叶卷曲

竹叶离开其植株后发生卷曲的原因是空气干燥,或温度过高,或缺乏水分,失去了水分供应。竹叶的上表皮(腹面)在两个侧脉之间有泡状运动细胞,遇到失水状况,这些泡状细胞萎缩,导致竹叶向着腹面呈筒状卷合(从不向背面卷,是因为下表皮没有泡状细胞分布)。很多树叶离开植株后都有类似情况。

2.6 洋葱长根

洋葱为单子叶植物，具须根系。其根系为球形鳞茎的基部产生的大量不定根，每个不定根自下而上分为根冠、分生区、伸长区和成熟区。把洋葱的底部浸入水中，一开始似乎看不到什么变化，2～3个星期后其根部开始生长，之后洋葱顶部也会长出嫩芽。

2.7 向光性生长

植物生长激素的运输受光源影响,光会使生长激素沿着背光一侧运输。所以,植物生长部位背光一侧的生长激素含量高,生长快,而向光一侧的生长激素含量低,生长慢。所以当光源在植物一侧时,植物茎干会向光源方向弯曲,这就是植物的向光性生长。若把光源改在油菜正上方,几个小时后,本来弯曲的油菜茎干会慢慢地变直。

2.8 还魂草复活

卷柏,别名"还魂草",或称"九死还魂草",是多年生的蕨类植物,生长在向阳的山坡、石缝以及蓄水能力差的贫瘠土壤中,其植物细胞具有极强的耐旱性,当含水量降低到5%以下时,仍然可以维持生命。当干旱来临时,卷柏全身的细胞都会处于休眠状态,植株小枝会蜷缩起来,以保持水分,植物新陈代谢几乎全部停止,像枯萎死去一样。重新得到水分后,全身细胞才会恢复正常生理活动,几个小时后,植株小枝又会重新变绿展开。

2.9 树叶的生长

树叶发育自树木枝干上芽中的叶原基。叶原基会发育成幼叶,然后发育成新叶。树叶就是植物的营养器官,叶片的叶肉细胞中含有大量叶绿体,在阳光下能够进行光合作用,用树根和树干运上来的水和无机盐,以及空气中的二氧化碳,生产出树木生长所需的有机物,并释放新鲜的氧气。春天来临,树木从开始产生嫩芽到长出正常尺寸的树叶,仅需要1个月左右的时间。

3　春暖花开

3.1　油菜花

　　油菜花呈金黄色，花瓣4枚，呈十字形排列。动物学家的研究表明，大部分昆虫都对颜色比较敏感，不过它们对颜色的识别能力和人类有很大差异，比如蜜蜂就受花的颜色的引导。研究发现，蜜蜂只能辨别4种颜色，即黄色、蓝绿色、蓝色和人眼看不见的紫外线色。在油菜花盛开的春季，由于气温相对较低，昆虫相对较少，为了更加有效地吸引"光顾者"，黄色自然是一种最佳的选择。油菜花的生长速度很快，从长出花蕾到盛开只需要2天左右的时间，且在花开的同时植株也会快速长高。

3.2 海棠花

海棠的花序近伞形,花瓣卵形,花梗细长。海棠性喜阳光,不耐阴,忌水湿。海棠极为耐寒,对严寒及干旱气候有较强的适应性,所以可以适应寒冷的气候。如果光照不足,就会造成海棠的枝叶徒长,叶子的颜色变得越来越淡,甚至变黄。海棠枝头上长出花蕾之后,1~2天便可完全盛开。

3.3 马蹄莲

马蹄莲属多年生草本植物,洁白如玉的大型"花瓣"是佛焰苞,其中下部半包裹的才是肉穗花序。马蹄莲在生长、开花期应充分浇水,保持盆土湿润,但花谢之后应减少浇水量,以利休眠。开花期要注意光照,马蹄莲"喜长光而不喜强光",尤其是夏季最忌烈日直射。但是花期光照不足,就会只抽苞而不开花,甚至花苞逐渐变绿而干瘪。马蹄莲一年可多次开花,其秘诀是勤将老叶剪除,以促生花苞。马蹄莲花从打苞到盛开,一般需要半个月左右的时间。马蹄莲对"烟"较敏感,炉灶烟、油烟都会使马蹄莲黄叶、落花,生长发育不良。

3.4 蒲公英花

"花罢成絮,因风飞扬,落湿地即生。"每当初春来临,蒲公英抽出花茎,在碧绿丛中绽开朵朵黄色的小花,花期一般4～9个月。花开过后,种子(瘦果)上的白色冠毛结为一个个绒球,随风摇曳。蒲公英花上午呈闭合状,中午开放,到了晚上又回到闭合状态。

3.5 仙人球花

仙人球开花需要较温暖的环境条件,若环境温度达不到20 ℃以上就开不了花。仙人球的茎和花都有很高的观赏价值。仙人球一般3年才开一次花。因为仙人球的主要生长期是夏季,所以夏季也是仙人球的开花期。品种不同,仙人球花的颜色也不同,花开于仙人球的纵棱刺(变态叶)丛中,且开花的时间都很短。绯花玉是仙人球的一种,开花时要求阳光充足,因此它白天开花,晚上合拢。

3.6 山茶花

山茶花又名茶花,为山茶科山茶属植物。山茶花初冬开放,苏东坡称其"灿红如火雪中开"。其植株形姿优美,叶浓绿且具有光泽,花形艳丽缤纷,因而受到世界园艺界的珍视。山茶花的品种极多,是中国传统的观赏花卉,在"十大名花"中排名第七,亦是世界名贵花木之一。山茶花的花蕾盛开一般需要3天左右,盛开后花朵能保持较长时间。

3.7 桃花

桃花的树干呈灰褐色,粗糙遒劲,树枝为红褐色,较之树干更为平滑。叶片呈墨绿色,椭圆披针形,边缘有小锯齿。花瓣5片(观赏重瓣花除外),花色主要有白色、粉色和红色。阳春三月,春光明媚,桃花"争开不待叶",盛开于枝头。桃树的品种很多,全世界有3000种以上,我国原产的也有300多种。按用途分,主要有食用桃树和观赏桃树两大类。桃花花蕾盛开需要1~2天时间,花开后会保持盛开状态几天。

3.8 蜡梅花

蜡梅属于落叶丛生灌木,是我国特有的传统名贵观赏花木,有着悠久的栽培历史和丰富的蜡梅文化。蜡梅花呈黄色,带蜡质,花期12月至次年1月,有浓香。原产我国中部,现各地都有栽培。性喜阳光,耐阴、耐寒、耐旱,忌渍水。蜡梅花在霜雪寒天傲然开放,花黄似蜡,浓香扑鼻。蜡梅花的花蕾产生之后要酝酿几天时间才会盛开,花开后盛开状态会保持好几天。

3.9　马铃薯花

马铃薯俗称土豆,其开花会消耗许多养分,如果结果,则养分消耗得更多。有人观察过,开花茂盛的土豆品种,摘花蕾比不摘的增产10%以上,所以遇到开花多的年份,应该摘花蕾。从种性来看,开花多是种性好的标志,已退化的种薯开花很少或完全不开花。如果用种子繁殖或用实生薯作种,则开花又是必需的。如果不开花结果,就无法进行实生苗栽培。如果需要贮藏土豆,可以在黑暗条件下贮藏,因为光照能促使土豆发芽,增加土豆内毒素的含量。土豆适宜的贮藏温度为2~4℃。发芽后的土豆会相继进入幼苗期及发棵期(请参见本书1.3节),这两个阶段大约需要1个月时间。在此期间,土豆花开,主茎拔高。

3.10 玉兰花开

玉兰有很多品种，花的颜色有白色、淡紫红色、米黄色。花大型、芳香，花被杯状，花先叶开放，花期为10天左右。玉兰性喜光，较耐寒，可露地越冬。喜干燥，忌低湿，栽植地渍水易烂根。喜肥沃、排水良好而带微酸性的砂质土壤，在弱碱性的土壤里亦可生长。玉兰对有害气体的抗性较强，可栽在有二氧化硫和氯气污染的工厂附近，具有一定的抗性和吸硫的能力。因此，玉兰是大气污染地区很好的防污染绿化树种。

3.11 玉兰花谢

花是被子植物的繁殖器官,其生物学功能是结合雄性精细胞与雌性卵细胞以产生种子。这一进程始于传粉,然后是受精,从而形成种子并加以传播。花的开放凋谢是自然规律,从生命角度看,完成受精、种子孕育等功能后,花就谢了。从植物学角度看,花授粉后凋谢是由于乙烯和脱落酸的作用,加速了花瓣凋谢。另外,花瓣的蒸腾作用,吸水性减弱,花缺乏必要的糖分、无机盐供应,花中的植物激素失去平衡,都会引起花谢。

3.12 蒲公英绒毛

蒲公英开花后一般会持续近1个月时间，花谢之后经过几天的酝酿进入结果阶段，在其顶部会产生白色的绒毛，之后这些白色绒毛会在2～3个小时之内完全展开。蒲公英的白色绒团不是花，而是蒲公英种子（瘦果）上的冠毛。一朵蒲公英花可以结许多粒细小的褐色种子。为了让种子四海为家，每粒种子上都长着一簇白色的绒毛，以便它随风飘去。种子越多，这个白色的绒毛团就越大。

4 水果滋味

4.1 葡萄

锤子砸向水果的瞬间,水果在外力的作用下分崩离析,果肉和果汁四处飞溅,空气中立刻洋溢着水果的芳香。葡萄中芳香物质如酯、醛、酮、醇、挥发性酸类、萜烯类等以一定比例存在。目前已从不同葡萄品种中检测出500余种香气成分,这些芳香物质通过累加作用、抑制作用等相互影响,构成了不同品种葡萄的香气特点。

4.2 龙眼

龙眼俗称桂圆,其含有十七烷、罗勒烯(顺式)、罗勒烯(反式)、别罗勒烯、1,3,8-对-薄荷三烯、α-石竹烯、(E)-β-金合欢烯等萜类化合物,这些化合物共同构成了龙眼特有的香气。新鲜的龙眼晒干后就得到桂圆,我们食用的部分不是果皮,而是假种皮。

4.3　苹果

苹果是一种假果,因子房下位,果实大部分由花萼筒形成。果中含有酯类、醛类、内酯类、萜类、醇类、羰基化合物和一些含硫化合物。其中乙酸丁酯、乙酸己酯和乙酸异戊酯含量较高,这三种成分都有甜香味和果香味。苹果的营养很丰富,含有类黄酮,碳水化合物,果胶,维生素A、C、E,以及钾、钙和抗氧化剂等。其中钙含量比一般水果高,有助于代谢掉体内多余盐分。

4.4 猕猴桃

猕猴桃中的香气成分主要有酯类、醇类、醛类、羧酸类、酮类、烃类、杂环类等。猕猴桃是一种营养丰富的水果,具有多重功效和作用,被人们称为果中之王。它含有丰富的矿物质,如钙、磷、铁等,还含有胡萝卜素和多种维生素。

4.5 李子

李子中含有丁香醛、己醛、乙酸、丙酮、戊醇、甲酸丙酯、乙酸乙酯、2-己烯醛、2-壬烯醇、己辛醚、紫罗酮、5-丁基己内酯、甲基异丙基醚、苯类、烷类等香气成分。李子味酸，能促进胃酸和胃消化酶的分泌，并能促进胃肠蠕动，因而有改善食欲、促进消化的作用，尤其对胃酸缺乏、食后饱胀、大便秘结者有疗效。新鲜李肉中的丝氨酸、甘氨酸、脯氨酸、谷酰胺等氨基酸，有利尿消肿的功效。

4.6 桃子

桃子中含量较多的有乙酸甲酯、乙酸乙酯、己醛、顺-3-己烯醛、(E)-2-己烯醛、(E,E)-2,4-己二烯醛、苯甲醛、(Z)-3-己烯-1-醇、(E)-2-己烯-1-醇、1-己醇、γ-己内酯、δ-辛内酯、γ-癸内酯、δ-癸内酯等香气成分。桃肉含有蛋白质、脂肪、碳水化合物、粗纤维、钙、磷、铁、胡萝卜素、维生素B_1以及有机酸(主要是苹果酸和柠檬酸)、糖分(主要是葡萄糖、果糖、蔗糖、木糖)和挥发油等。

4.7 柿子

柿子中含有2-己烯醛、2-乙基-1-己醇和己醛以及脱辅基类胡萝卜素等重要的香气成分。柿子营养价值很高,含有丰富的蔗糖、葡萄糖、果糖、蛋白质、胡萝卜素、维生素C、瓜氨酸、碘、钙、磷、铁。所含维生素和糖分比一般水果高1～2倍,一个人吃一个柿子所摄取的维生素C,基本上就能满足一天需要量的一半。未成熟果实含有鞣质。新鲜柿子含碘很高,能够防治地方性甲状腺肿大。另外,柿子富含的果胶,是一种水溶性的膳食纤维,有良好的润肠通便作用。

4.8 橘子

橘子中的芳香物质如酯、柠檬醛、酮、醇等以一定比例存在。橘子富含维生素C与柠檬酸。其内侧薄皮含有膳食纤维及果胶，可以促进通便，并且可以降低胆固醇。其果实中含有的橘皮苷可以加强毛细血管的韧性，降血压，扩张心脏的冠状动脉，故橘子是预防冠心病和动脉硬化的优益食品。

4.9 石榴

石榴中含有的2-己烯醛、己醛、3-己烯醛、(E,E)-2,4-己二烯醛为石榴的主要香气成分。石榴的营养特别丰富,含有多种人体所需的营养成分,果实中含有维生素C及B族维生素,还有有机酸、糖类、蛋白质、脂肪,以及钙、磷、钾等矿物质。

4.10 芒果

芒果(杧果)含有萜烯类物质,最主要的是罗勒烯、月桂烯、反-2-己烯醛、乙酸-顺-3乙烯酯、γ-癸内酯。芒果的营养非常丰富,富含矿物质、蛋白质、糖类等。芒果中维生素A的前体胡萝卜素成分含量极高,其突出之处就在于,这种含量占比在其他任何水果中都是很少见的,而且它的维生素C含量也不低。

4.11 柠檬

柠檬中含有柠檬烯、β-蒎烯、月桂烯、γ-松油烯和异松油烯等，这些物质是柠檬香气的主要来源。鲜柠檬富含柠檬酸，是钾、钙、铁、维生素C和生物类黄酮的上等来源。同时，柠檬汁的生物类黄酮大大低于果实，因为其主要存在于果实的皮和膜中。但是，值得注意的是，柠檬皮中含有相当多的柠檬醛，这是一种与维生素A的作用相对抗的醛，因此只有在确保膳食中维生素A的供给量足够时，方可吃大量的柠檬皮。

4.12　圣女果

圣女果富含番茄素，苹果酸、柠檬酸和糖类是它的主要香气来源。其果实内含有糖、有机酸、矿物质、维生素等营养成分，尤其是维生素C的含量较高。它以酸甜适口、低糖的优点受到人们的喜爱，是难得的"水果蔬菜"。

4.13 火龙果

火龙果中具有挥发性特征的香气物质主要有正己醛、2-正戊基呋喃、肉豆蔻醛等。火龙果富含大量果肉纤维,主要营养成分有蛋白质、膳食纤维、维生素B_2、维生素B_3、维生素C、铁、磷、钙、镁、钾及高浓度天然色素——花青素(尤以红肉为最)等,果核(黑色似芝麻的种子)内更含有丰富的钙、磷、铁等矿物质及各种酶、白蛋白、纤维质。

4.14 梨

梨的香气物质由酯类和烯烃类组成。梨味甘微酸、性凉，具有生津、润燥、清热、化痰、解酒的作用；用于热病伤阴或阴虚所致的干咳、口渴、便秘等症，也可用于内热所致的烦渴、咳喘、痰黄等症。梨果皮具有清心、润肺、降火、生津、滋肾、补阴的功效；根、枝叶、花有润肺、消痰清热、解毒的功效；梨籽含有木质素，它是一种不可溶纤维，但能在肠道中溶解，形成类似胶质的薄膜，与胆固醇结合而排出。梨籽还含有硼，可以预防妇女骨质疏松症。

4.15　枣

挥发性酸类是枣的主要香气物质,其他香气物质还有烃类、芳香族类、酯类、醇类、酮类和杂环类。红枣所含有的环磷酸腺苷是人体细胞能量代谢的必需成分,能够增强肌力、消除疲劳、扩张血管、增加心肌收缩力、改善心肌营养,对防治心血管系统疾病有良好的作用。

4.16 香蕉

酯类是香蕉果肉香气的主要组成成分,其中乙酸酯、丁酸酯和戊酯含量较高,而乙酸异戊酯是含量最高的物质。香蕉含有被称为"智慧之盐"的磷,又有丰富的蛋白质、糖、维生素A和维生素C,同时纤维也多,堪称相当好的营养食品。同时,香蕉富含钾和镁,钾能防止血压上升及肌肉痉挛,镁则具有消除疲劳的效果。

5 真菌生长

5.1 酵母菌

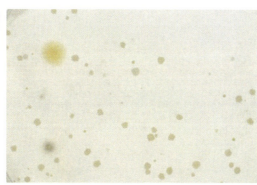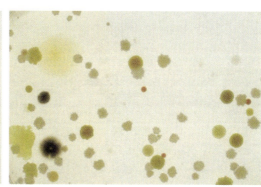

在适宜的温度、湿度下将酵母菌接种到培养基上，几天后就可以在培养基上观察到大量黄色、白色、黑色的菌落。酵母菌属于单细胞真核微生物，其菌落特征为表面光滑、湿润、黏稠，容易挑起，菌落颜色多为淡黄色、乳白色，少数呈现红色，个别为黑色。酵母菌是兼性厌氧菌，在有氧和无氧的条件下都能够生存，能将糖发酵成酒精和二氧化碳，是一种天然发酵剂。酵母菌生长需要营养物质以及合适的酸碱环境、水分和温度，其生长适宜pH为4.5～5.0，适宜温度一般为20～30 ℃，而培养基由不同营养物质组合配制而成，含有碳水化合物、含氮物质、无机盐（包括微量元素）、维生素和水等，能够为酵母菌繁殖提供所需营养。下页为经过景深合成的酵母菌显微照片。

5.2 西红柿发霉

成熟的西红柿被采摘后,其内部新陈代谢保持一种快速状态,导致西红柿逐渐变软。空气中存在许多微生物,有些是腐败性的霉菌。微生物分解就是把有机物质经过代谢降解成简单有机物或无机物质的过程。湿热的环境适合部分微生物的生存,这些微生物侵入西红柿,依靠西红柿的营养物质生长繁殖,同时通过微生物分解,加速西红柿的腐烂。

5.3 霉菌生长

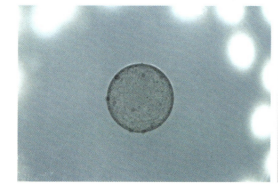
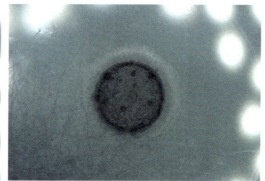
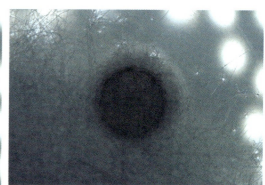

在适宜的温度、湿度环境下将霉菌接种到培养基上,一两天之内它们就会大量繁殖,产生许多孢子和菌丝。霉菌是丝状真菌的俗称,它们往往能形成分支繁茂的菌丝体。室温25~35 ℃、相对湿度70%左右是霉菌生长繁殖的最佳条件。霉菌有着极强的繁殖能力,而且繁殖方式也是多种多样的。虽然霉菌菌丝体上任一片段在适宜条件下都能发展成新个体,但在自然界中,霉菌主要依靠产生形形色色的无性或有性孢子进行繁殖。

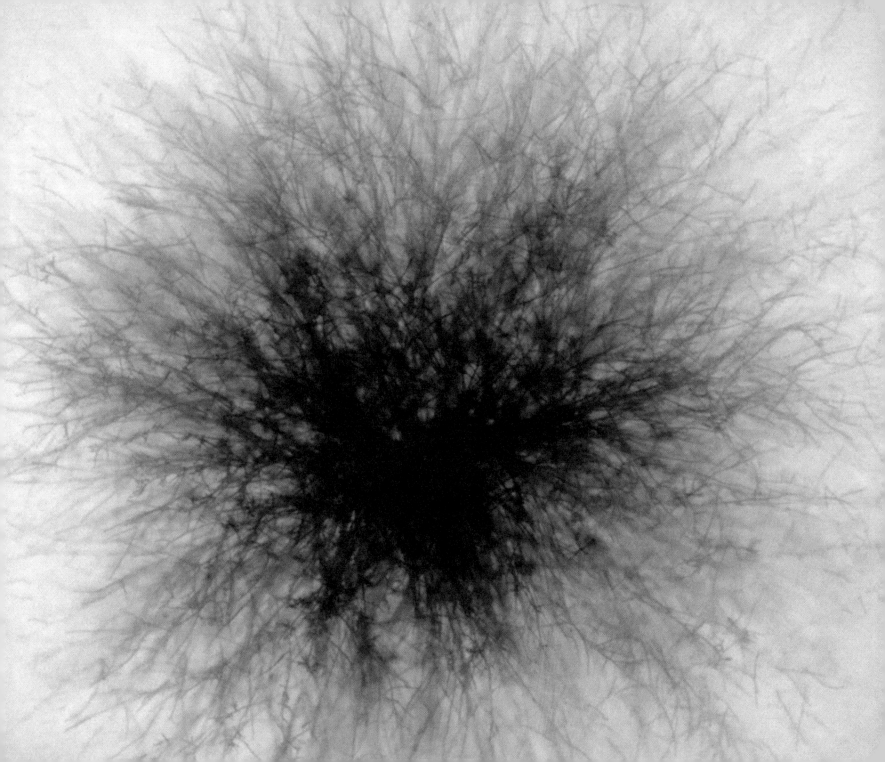

5.4 毛霉菌

毛霉菌外呈毛状,菌落在豆腐坯和熟的大豆粒上生长旺盛,菌丝厚密,高度在1 cm以上,呈白色或灰白色。同时,毛霉菌具有分解蛋白质的能力,能将植物蛋白转化成多种氨基酸,故毛豆腐经烹饪后味道鲜美,有特殊芳香。毛豆腐是古徽州地区及云南、贵州等地的特色传统名菜,通过人工发酵而得,在15～25 ℃的环境下,经过3～5天豆腐表面会生长出一层白色绒毛,这层白色绒毛就是毛霉菌菌落。与中国的毛豆腐及豆腐乳相似,西方国家流行的奶酪也是一种发酵食品(下页图为意大利南部某农场地窖里发酵中的奶酪)。

5.5　桃子发霉

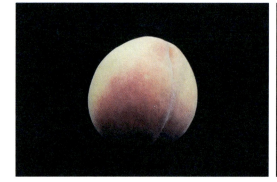

发霉的桃子上长出来的细小绒毛是丝状真菌的一种,也就是我们所说的霉菌。它们往往能形成分支繁茂的菌丝体,但又不像蘑菇那样产生大型的子实体。在潮湿温暖的地方,很多物品上会长出一些肉眼可见的绒毛状、絮状或蛛网状的菌落,那就是霉菌。新鲜的桃子由于含有糖分等营养物质,适合微生物生长,更容易被微生物浸染。而微生物繁殖的过程又会不断剥夺桃子的水分及营养物质,所以桃子发霉的同时也会迅速萎缩干瘪。

5.6 灵芝

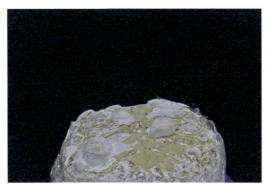  

灵芝是多孔菌科真菌的子实体。灵芝除了野生外，也可以人工种植。灵芝属于高温性菌类，在15～35 ℃之间均能生长。灵芝生长较为缓慢，并且需要较高的湿度，通风良好，待菇芽长出2～3 cm高时，需要每天雾状喷水，宜按照少喷多次的原则。灵芝高度在8～10 cm时，片状体边缘没有黄白边时就可以采收了。在正常的适温条件下，从菌筒接种到采收结束需5个月左右，即灵芝的生长周期为5个月左右。

5.7 榆黄菇

榆黄菇色泽金黄,艳丽美观,生长力强,生长周期短,产量高,既可段木栽培,也可袋料栽培,菌丝生命力强。其适宜生长温度为13～30 ℃,同时要保持适宜的湿度(80%～90%)和良好通风,从萌发开始只需要2～3天即可生长完成。菌盖边缘至最大平展或呈小波浪状时即可采收。一般来说,在3个月的生长周期中可收获3～4茬。

5.8　平菇

不同品种的平菇菌丝生长温度和适宜温度不完全相同，多数品种都能在5～35℃条件下生长，湿度在85%～95%时生长迅速。常采取偏干发菌、出菇期补水的方法，以保证发菌期不受霉菌的侵染，同时需保持良好的通风条件，从萌发开始只需要2～3天即可生长完成。当菌盖基本展开、颜色由深灰色变为淡灰色或灰白色时即可采收。

6 动物奥秘

6.1 受精卵发育

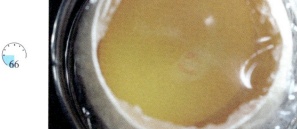
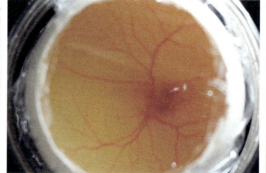
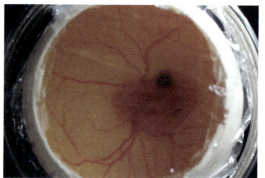

受精鸡蛋在适宜的温度、湿度等条件下,逐渐完成胚胎发育,孵化出雏鸡。需要注意的是,不是所有的鸡蛋都是受精卵,只有受精的鸡蛋在适宜的条件下才能孵出雏鸡。受精后鸡卵的胚盘较大、色深(呈白色),可通过照蛋器来识别。在照蛋器的照射下,若蛋中有不透光的黑色斑点,则表明该鸡蛋是受精的鸡卵,不透光的斑点为胚胎发育的部位。

6.2 胚胎形成

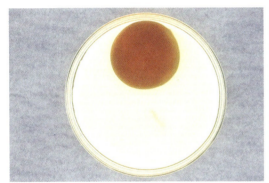
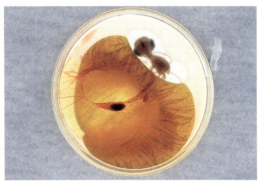

胚胎的发育包括两个部分：胚内部分即胚胎自身的发育和胚外部分即胚膜的形成。鸡胚发育的过程可总结为："一日起了珠，鱼眼黄中浮；二日樱桃珠，心脏开始动；三日血管成，'蚊子'在黄中；四日定了位，样似小蜘蛛；五日长软骨，黑眼显单珠；六日胎盘动，头躯成双珠；七日离了壳，沉入卵黄中；八日边发硬，胎在蛋中浮；九日嘴爪分，头尾来回动；十日显毛管，血管合了拢；十一见硬骨，头颈腹毛生；十二毛齐全，上下颚已分；十三体躯长，气室更分明；十四蛋白少，胎雏活动慢；十五体躯长，头朝大端伸；十六气室显，绒毛盖全身；十七肺发育，小端已封门；十八口已斜，鸡雏待转身；十九见起影，已行肺呼吸；二十闻雏叫，陆续破开壳；二十一出壳，发育始结束。"

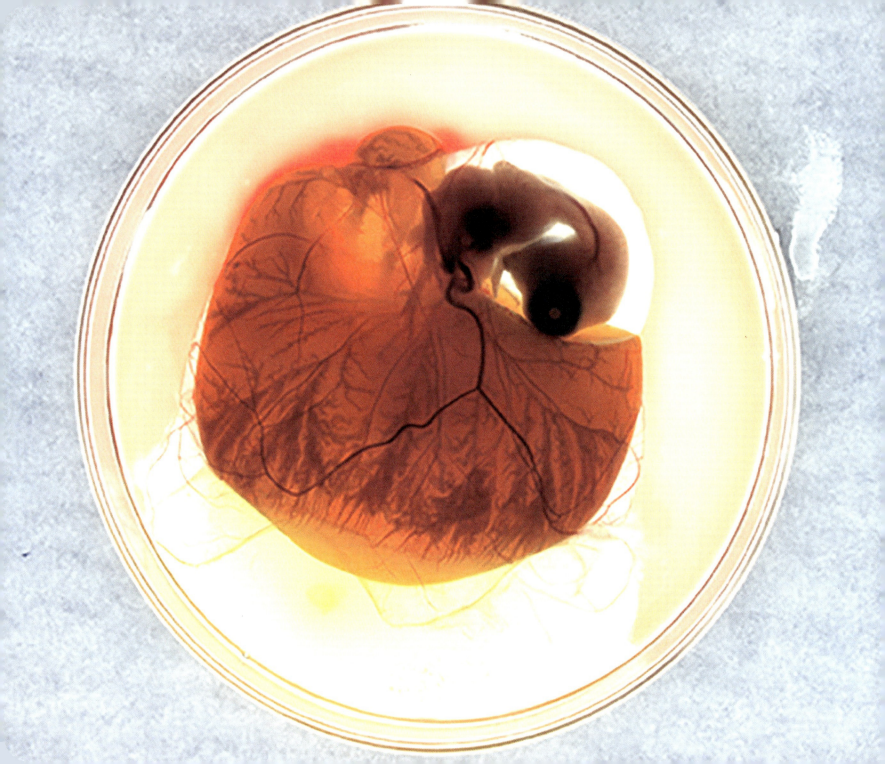

6.3　小鸡出壳

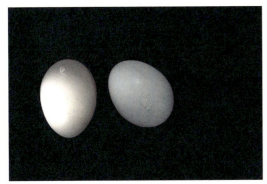 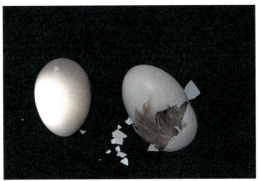 

小鸡开始啄壳时就会发出叫声，它们首先会将蛋壳啄出一个缺口，缺口逐步扩大成缝，最终将蛋壳分开，破壳而出。大多数小鸡都会在12小时之内出壳。需要特别注意的是，小鸡出壳时切忌人为帮忙，因为小鸡在壳里拼命挣扎的过程，也就是身体不断得到充血、快速生长的过程。如果人为帮它们剥开蛋壳，即使小鸡破壳而出，身体也会非常虚弱，很可能无法正常生长发育。

6.4 蚕结茧

　　蚕结茧时需要一个稳定的结茧环境，将丝吐出形成结茧网。之后继续吐出凌乱的丝圈，加厚茧网内层，然后以"S"形方式吐丝，出现茧的轮廓。此后茧腔逐渐变小，蚕体前后两端向背方弯曲，成"C"字形，蚕继续吐出茧丝，吐丝方式由"S"形变成"8"形。此时由于大量吐丝，蚕的体躯大大缩小，头胸部摆动速度减慢，吐丝开始显得凌乱，形成松散柔软的茧丝层，即为蛹衬。蚕结茧时所吐丝的长度可达800～1200米。

6.5 蚂蚁的交流

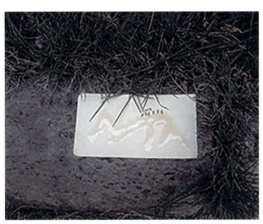  

在有蚂蚁出没的地方放上蜂蜜,当少数蚂蚁发现蜂蜜后,它们会召集很多的蚂蚁前来搬运蜂蜜。蚂蚁的通信活动可分为报警、吸引、召集、清洁、交哺、交换和识别等类型。化学通信是蚂蚁的主要通信方式,蚂蚁身上的腺体可分泌不同的化学物质,蚂蚁之间通过识别化学物质的气味交流信息。把蜂蜜摆在蚂蚁洞前,蚂蚁通过信息交流使群体获得附近有食物的信息,前来舔食。

# 第2篇 化学篇

7 置换反应

7.1 锌-铜

置换反应是一种单质与化合物反应生成另一种单质和化合物的化学反应。例如,将锌片放入硫酸铜溶液中,我们可以观察到硫酸铜溶液中的锌片表面"长出"珊瑚状的红色单质铜,此时蓝色的硫酸铜溶液也逐渐变成无色的硫酸锌溶液了。这就是锌-铜置换反应:$CuSO_4+Zn \xrightleftharpoons{} ZnSO_4+Cu$。金属活动性顺序中,更活泼的锌将铜从它的盐溶液中置换出来。具体的置换过程为:当锌片(Zn)浸入硫酸铜($CuSO_4$)溶液中,锌原子会失去最外层两个电子,形成锌离子(Zn^{2+});在蓝色的硫酸铜溶液中游离的铜离子(Cu^{2+})就会得到两个电子,被还原成铜原子(Cu);而锌离子与硫酸根(SO_4^{2-})结合形成新的化合物硫酸锌($ZnSO_4$),硫酸锌溶液为无色溶液。

7.2 铁-铜

在金属活动性顺序中,铁比铜活泼,表示铁比铜更容易在水溶液中失去电子。在蓝色的硫酸铜溶液里,铜离子散布在溶液中。铁丝(Fe)浸入硫酸铜(CuSO$_4$)溶液中后,铁原子会失去最外层两个电子,形成二价铁离子(Fe^{2+});二价铁离子与硫酸根(SO$_4^{2-}$)结合形成新的化合物硫酸亚铁(FeSO$_4$),硫酸亚铁溶液为浅绿色;而此时铜离子会得到两个电子,被还原成铜原子,生成红色单质铜(Cu)。这就是铜-铁置换反应:Fe+CuSO$_4$ ⇌ FeSO$_4$+Cu,更活泼的铁将铜从它的盐溶液中置换出来。所以我们能够观察到铁丝表面附着上一层红色的铜,原来蓝色的硫酸铜溶液也变成了浅绿色的硫酸亚铁溶液。

金属的活动性是反映金属在水溶液里形成水合离子的倾向,也就是反映金属在水溶液里起氧化反应的难易程度。金属活动性顺序为:

钾 钙 钠 镁 铝 锌 铁 锡 铅 (氢) 铜 汞 银 铂 金
K　Ca　Na　Mg　Al　Zn　Fe　Sn　Pb　(H)　Ca　Hg　Ag　Pt　Au →

7.3 铝-铜

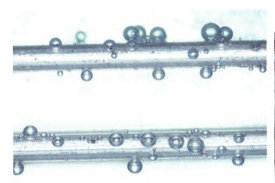

在金属活动性顺序表中,金属铝比金属铜活泼,表明铝比铜更容易发生氧化反应,失去原子的最外层电子。当金属铝(Al)浸入蓝色的硫酸铜溶液中,由于化学反应,铝原子会失去其最外层3个电子,可以说2个铝原子能够使3个铜离子(Cu^{2+})还原成铜原子(Cu)。我们将这个反应称作铝-铜置换反应:$2Al+3CuSO_4 \rightleftharpoons Al_2(SO_4)_3+3Cu$,铝将铜从它的盐溶液中置换出来,铝离子与硫酸根结合并生成无色硫酸铝。显微镜下可以观察到,被铝置换出来的单质铜犹如细小的红色珊瑚一般包裹着铝丝。

7.4 镁-锌

硫酸锌溶液是无色溶液,其中分布着锌离子(Zn^{2+})、硫酸根离子(SO_4^{2-}),而水分子在被电离后也会产生氢离子(H^+)和氢氧根离子(OH^-)。活泼金属镁进入硫酸锌水溶液中后,会迅速失去原子最外层的两个电子,这时氢离子由于其得电子能力在锌离子之上,会先得到电子成为氢气(H_2)。在水溶液中剩下的离子中,锌离子会得到电子还原成单质锌;硫酸根也会与镁离子结合生成硫酸镁;氢氧根离子不甘落后也会结合一部分镁离子,生成氢氧化镁沉淀。如果不考虑水参与该置换反应,则化学反应方程式为 $Mg+ZnSO_4 = MgSO_4+Zn$;有水参与的化学反应方程式为 $2Mg+ZnSO_4+2H_2O = Zn+Mg(OH)_2\downarrow+MgSO_4+H_2\uparrow$。显微镜下可观察到该置换反应生成的氢气,形成气泡围绕着被黑色物质覆盖的镁片。

7.5 镁-钴

从金属活动性角度来看,镁是非常活泼的金属,而钴是中等活泼的金属,然而两者在金属活动性顺序中均位于氢之前。氢原子的得电子能力比镁、钴都要略胜一筹,这就使得用镁片置换出氯化钴溶液中的单质钴时,镁进入盐溶液失去的电子,会率先被氯化钴水溶液中的氢离子(H^+)得到,生成氢气(H_2)。而此时溶液中分布着镁离子(Mg^{2+})、钴离子(Co^{2+})和氯离子(Cl^-),以及水(H_2O)被电离失去氢离子后剩下的氢氧根离子(OH^-),它们之间得失电子,发生一系列的化学反应,随后都各得其所。钴离子得到电子成为单质钴;氯离子与镁离子结合成为氯化镁;氢氧根与遗留的钴离子组成氢氧化钴。其化学反应方程式为 $CoCl_2 + Mg + 2H_2O == Co(OH)_2\downarrow + MgCl_2 + H_2\uparrow$。显微镜下可以观察到,镁片表面覆盖着黑色物质,大大小小的气泡分布其间。

8 燃烧

8.1 蜡烛燃烧

燃烧是物体快速氧化、产生光和热的化学反应过程。燃烧必须在同时满足三个条件时才能发生,分别是可燃物(如燃料)、助燃物(如氧气)和温度达到燃点(热量足够),这三个条件被称为燃烧三要素——火三角。蜡烛的外焰与空气接触面积大,气体燃烧更充分,因此它的温度更高,也更亮。

8.2 蜡烛复燃

蜡烛的燃烧过程是烛芯上的石蜡融化、气化，然后蜡油蒸气燃烧，最后烛芯才开始燃烧。烛芯燃烧时放出的热量使下方靠近的固体石蜡继续融化，然后被烛芯吸上来，又被上面的火加热气化、点燃，从而形成循环。蜡烛熄灭后温度并没有立即下降，余温使蜡油持续气化，气化后的蜡油遇冷后冷凝形成的白烟实际上是石蜡的蒸气，是易燃物。点燃白烟后，火焰顺着白烟燃烧最终重新点燃蜡烛。

8.3　喷火

喷火表演是一种常见的杂技表演。其主要过程是：表演者口中含着燃料，朝着火把向外喷吐燃料，通过口腔产生的压力给燃料一个初速度，燃料因惯性按照表演者把握好的角度运动，在经过火源时被点燃，点燃的燃料在消耗完之前仍保持惯性向前运动，产生"火龙"。一般表演者所使用的燃料为煤油，具有一定毒性，因此这种表演的表演者除了需要避免被烧伤外，还需要注意燃料的毒性。这是一种高危的表演形式，切勿随意模仿。

8.4 火柴点燃

火柴盒的侧面涂有由红磷（发火剂）、三硫化二锑（Sb_2S_3，易燃物）和玻璃粉构成的混合物；火柴头上的物质一般是氯酸钾（$KClO_3$）、二氧化锰（MnO_2，氧化剂）和硫（S，易燃物）等。当两者摩擦时，摩擦产生的热使红磷着火并引起火柴头上的易燃物燃烧，从而使火柴杆着火。

8.5 镁条燃烧(一)

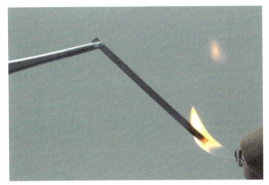
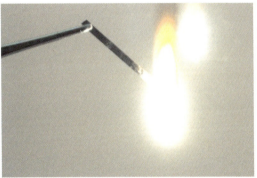

镁条是使用含量高于99.96%的金属镁(Mg)做成的带状物,为银白色固体,无磁性,有延展性,不溶于水和碱液,但溶于酸。其引燃温度为450～510 ℃。镁条在空气中燃烧时,会产生大量的热和强烈的白光。肉眼不能长时间直接观察燃烧产生的白光,以免眼睛受到伤害。燃烧后产生的白色固体为镁与氧气的反应产物——氧化镁,如还有淡黄色固体,则为镁与空气中氮气的反应产物——氮化镁。

8.6 镁条燃烧(二)

镁(Mg)是一种活泼金属,可作强还原剂,镁原子与氧原子具有很强的结合性。将燃烧着的带有高温的镁条放入二氧化碳中,会发生氧化还原反应,生成氧化镁和碳。生成的碳颗粒与氧气充分混合后会发出类似爆炸的声音。

8.7 锌的燃烧

锌是仅次于铁、铝、铜的"第四常见金属"。锌离子的焰色为蓝绿色,但其在空气中很难燃烧。锌在燃烧时会产生白色烟雾,其主要成分是氧化锌,它在阻碍燃烧的同时也将锌的焰色折射成白色。

8.8 熄灭蜡烛

二氧化碳的密度大于空气,因此当把它从蜡烛上方向下倾倒时它会下沉,从而接触到蜡烛的火焰。二氧化碳自身不能燃烧,也不支持燃烧,而火焰燃烧需要与氧气发生反应,向下倾倒的二氧化碳阻止了火焰与氧气的接触,因此火焰熄灭。所以二氧化碳常常被用作灭火器的材料。

第3篇 物理篇

9 焰色反应

9.1 锰

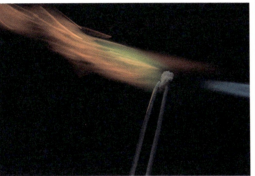
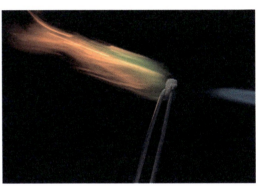

将硫酸锰用镊子夹住放到喷灯外焰,会产生黄绿色的火焰,这是因为锰元素的焰色光谱为黄绿色。当化合物在火焰上灼烧时,原子中的电子吸收能量,从能量较低的轨道跃迁到能量较高的轨道,但处于能量较高轨道上的电子是不稳定的,很快跃迁回能量较低的轨道,这时就将多余的能量以光的形式放出。放出的光的波长在可见光范围内(波长为400~760 nm),因而火焰能呈现颜色。

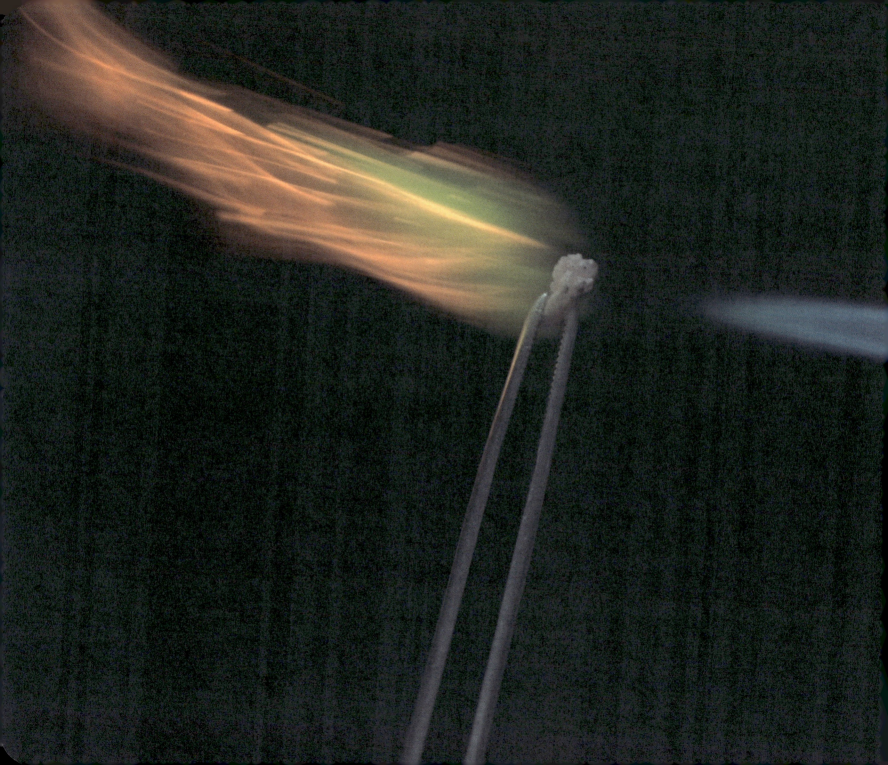

9.2　钙

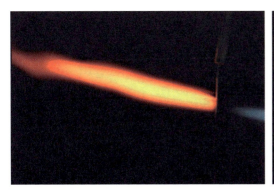  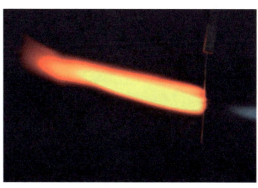

将沾有氯化钙溶液的铂丝靠近喷灯，铂丝尾部会有砖红色的火焰，这是因为钙元素的焰色光谱为砖红色。某些金属或它们的化合物在无色火焰中灼烧时火焰将呈现出特定颜色，这是因为每种元素都有其特有的焰色光谱。

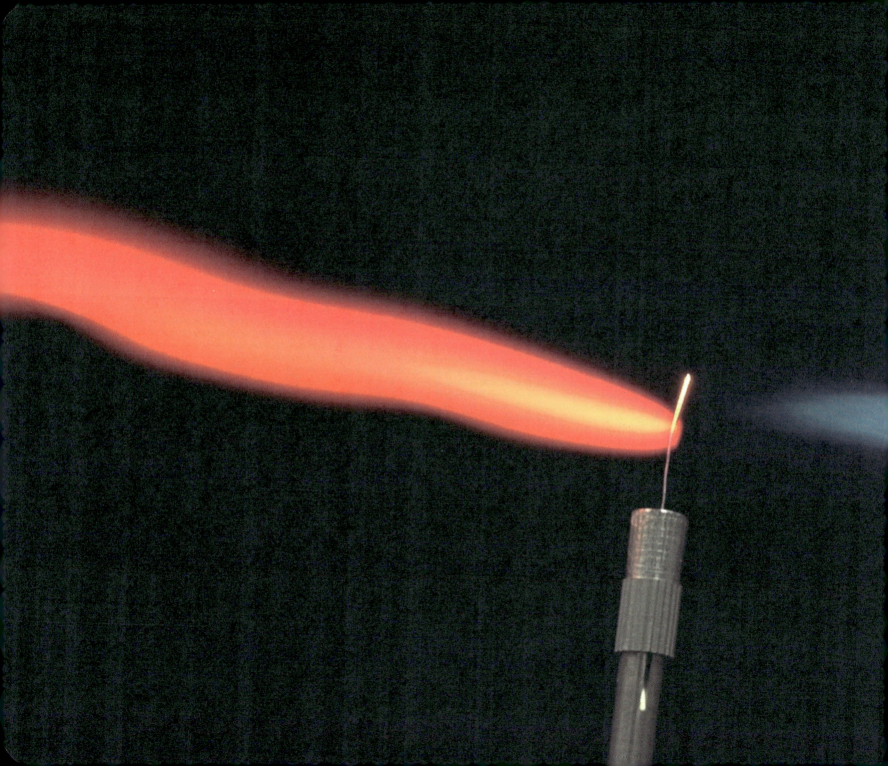

9.3 钠

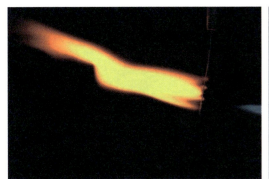
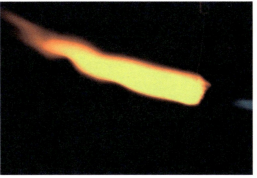
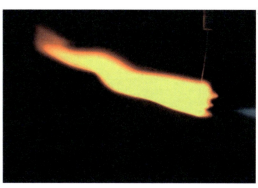

将沾有氯化钠溶液的铂丝靠近喷灯，铂丝尾部会有黄色的火焰，这是因为钠元素的焰色光谱为黄色。在化学上，焰色反应常用来测试某种金属是否存在于某种化合物中。利用焰色反应，人们在烟花爆竹中加入特定金属元素，使它们的焰火更加绚丽多彩。

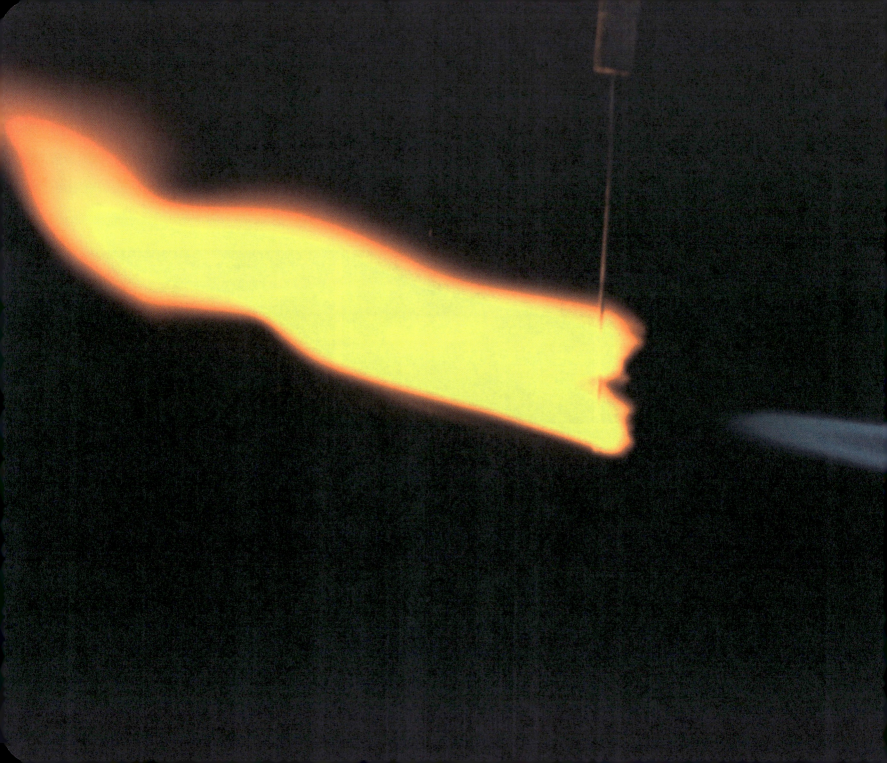

9.4　锂

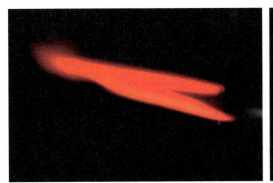 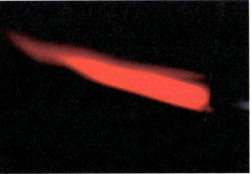 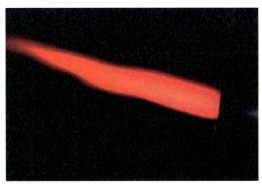

将沾有氯化锂溶液的铂丝靠近喷灯,铂丝尾部会有紫红色的火焰,这是因为锂元素的焰色光谱为紫红色。焰色反应之所以是物理变化,是因为该过程只是物质原子内部电子能级的改变,不涉及物质结构和化学性质的改变,并未生成新物质。

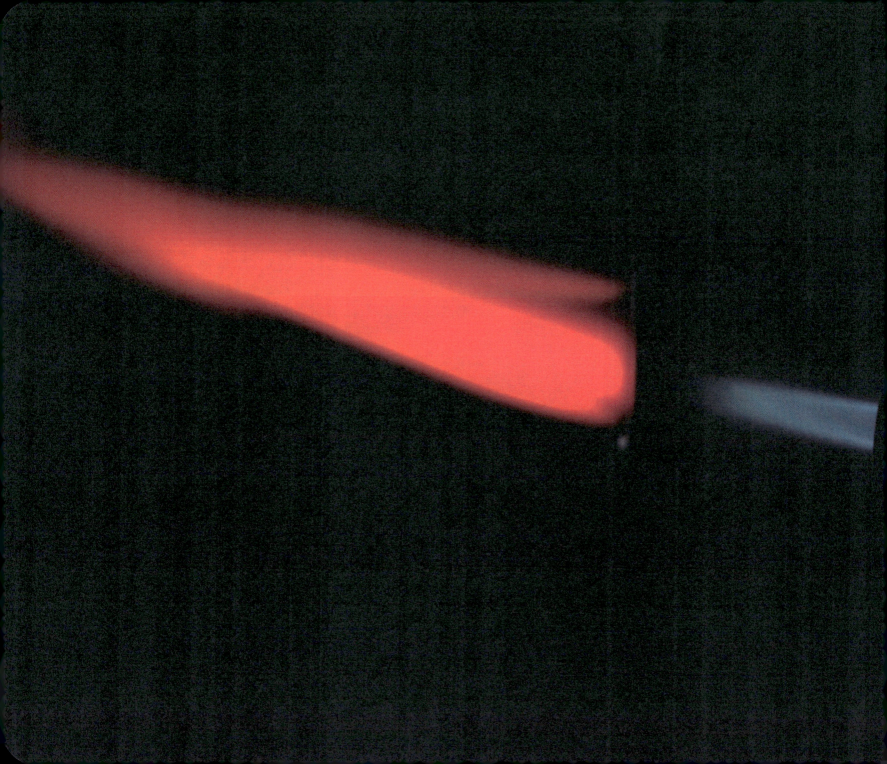

9.5 锶

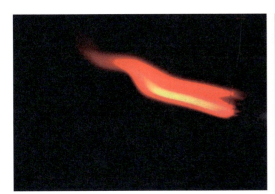 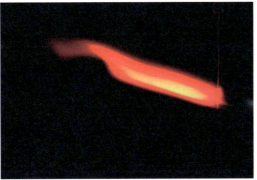 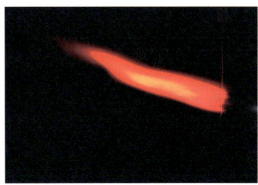

将沾有氯化锶溶液的铂丝靠近喷灯,铂丝尾部会有深红色的火焰,这是因为锶元素的焰色光谱为深红色。硝酸锶为白色结晶或粉末,水溶液呈中性,有强氧化性,与有机物摩擦或撞击能引起燃烧或爆炸。硝酸锶有刺激性,吸入硝酸锶粉尘会引起肺部中等度弥漫性间性改变,与皮肤接触会引起致敏作用及发生湿疹性皮炎。所以做锶的焰色反应实验时,尽量不要选用硝酸锶。

9.6 铜

将沾有硫酸铜溶液的铂丝靠近喷灯,铂丝尾部会有浅蓝绿色的火焰,这是因为铜元素的焰色光谱为浅蓝绿色。如果想要焰色反应现象更明显,火焰就要像彗星尾巴那样才行。有的盐在焰色反应前之所以要加少量水溶解,就是为了灼烧时离子随着水分的蒸发而挥发成彗星尾巴状,使现象明显;而有的离子灼烧时本身就较易挥发成彗星尾巴状,此时就不用加水溶解了。

10 光与色

10.1 冰雕

物体的颜色是由它反射或折射的色光决定的。物体反射的色光射入人眼,人就能看到这种颜色了。白色反射所有颜色的色光,黑色吸收所有颜色的色光。红色物体反射红色的色光,用绿色的光照红色的物体,看到的是黑色。在冰雕展上,由于在不同的冰雕中加了不同的颜料,而且受到不同颜色光的反射或折射,冰雕就呈现出各种颜色。人眼能看见颜色表示人的眼睛可以接收到一定频率的电磁波,电磁波中的可见光由于自身的频率不同,所产生的颜色也就不同。人们之所以能看到颜色是因为三个因素的相互作用,它们分别是:光源、物体的反射和透射特性以及人体视网膜和脑部视觉皮质区对不同频率光波的处理方式。

10.2 视觉暂留

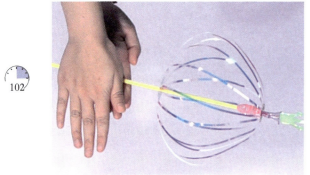 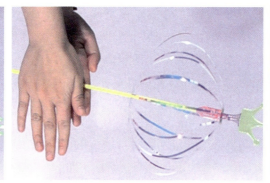 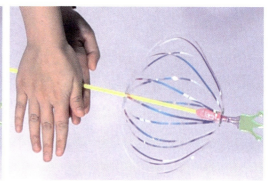

这是一种常见的玩具,将手掌夹住棍体快速搓动,就会形成一个彩色的"泡泡",看起来像一个闪动发光的多彩泡泡。我们看到的彩色玩具成像于视网膜上,并由视觉神经输入人脑,从而使人感觉到彩色玩具的像。当彩色物体快速转动时,视神经对镂空彩色条的印象不会立即消失,而要延续0.1~0.4秒的时间,这种现象被称为"视觉暂留"。

11 能量与力

11.1 滚摆

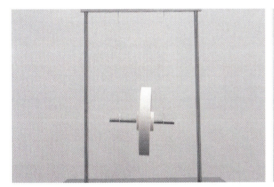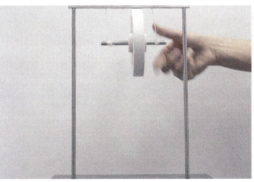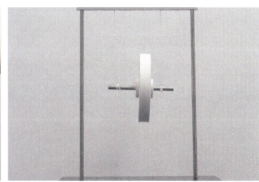

转动滚摆的轴,当滚摆上升到顶点时,滚摆就储蓄了一定的重力势能。被松开后,滚摆旋转下降,势能随之减小,滚动速度增加,动能逐渐增加。当悬线完全松开,滚摆不再下降时,其转动角速度与下降平动速度达到最大值,动能最大。滚摆仍继续旋转,且开始缠绕悬线上升。这时滚摆动能逐渐减小,势能逐渐增加,上升到跟原来差不多的高度时,动能最小,而势能最大。如果没有任何阻力,滚摆每次上升的高度都将相同。

11.2 能量转化(一)

能量既不会凭空产生,也不会凭空消失,它只是从一种形式转化为另一种形式,或者从一个物体转移到另一个物体,在这个转化或者转移的过程中,其总能量是不变的。"茶山飞渠"的体验车上升,动能逐渐转化为重力势能。体验车行至最高点,随后俯冲而下,高度逐渐减小,速度随之增大,这个过程中的重力势能又逐渐转化为动能。在体验车俯冲与水面发生碰撞时,重力势能最小,动能最大,作用与反作用力引起水花飞溅。

11.3 能量转化(二)

过山车随轨道上升,动能逐渐转化为重力势能,此时过山车高度渐增,速度渐缓,至最高点停止时,重力势能最大,动能最小。随后过山车俯冲而下,高度逐渐降低,速度逐渐加快,重力势能逐渐转化为动能。在能量的转化过程中,由于车轮与轨道发生摩擦,产生热量,从而损耗了少量能量。

11.4 向心力

当飓风飞椅的主轴旋转时,飞椅被绳子拉住开始围绕主轴大转盘做圆周运动,这种指向圆周运动中心的力就是向心力。此时的向心力是人与座椅受到的绳子的拉力。但从人所在的转动参照系看,例如相对于座椅,人是静止不动的,似乎受力为零,故受到一个虚拟的离心力作用,它的大小与向心力相同,方向相反。人会有被向外甩的感觉。

11.5 惯性

大摆锤自第一次被动力牵引至最高点后,即便没有外来力量为之提供动力,它仍能够不断摇摆直到停止。在这个过程中,大摆锤受到地心引力和惯性的作用。惯性是物体保持运动状态不变的属性,它是物质的固有属性,与质量有关,质量越大的物体,惯性越大。大摆锤具有很大的质量,因此其自身惯性极大。这一过程中,动能和势能也进行相互转化。

11.6 失重

跳楼机是一种根据自由落体现象设计的游乐设施,它的乘坐台可以将乘客载至高空,然后几乎以重力加速度垂直向下跌落,最后以机械能将乘坐台在落地前停住。根据牛顿的万有引力定律,地球对人产生引力,而在日常生活中,地面对人也会有一个支撑力,引力与支撑力互相平衡,因此人能够安然地站在地面。而在乘坐跳楼机的过程中,人和跳楼机都做自由落体运动,跳楼机对玩家并没有支撑力,出现"失重"现象,玩家会有自由落下的感觉。

11.7 平衡

重心是物体各部分所受重力之合力的作用点。当道具越高越重时，表演者越容易找到道具的重心，从而使其保持平衡。当道具较轻且容易移动时，表演者很难找到其重心，道具不易平衡。因此当表演者使用棒球棒和鸡蛋表演时，棒球棒和鸡蛋会因为表演者不自然的抖动而改变位置，其重心也会不断变化，因此表演者需要不断移动，从而寻找新的重心。

11.8 弹力

表演用的蹦床一般由织带做成，具有弹力且比较柔软，不易对人造成刮伤。表演者从高台跳到蹦床，蹦床发生形变，形变越大，弹力越大。当表演者在蹦床最低点时，蹦床弹力大于表演者重力，此时表演者受力不平衡，从而被弹起，通过自身用力可以返回高台。

11.9 表面张力

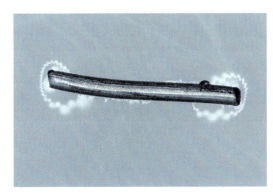 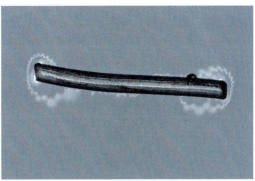 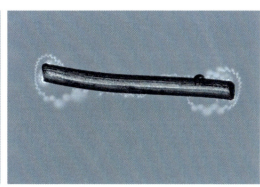

水与空气接触表面存在一个薄层,这个薄层里的水分子分布比较稀疏,相互间存在引力,从而使得水表面存在一定张力。水的表面就像橡皮一样具有弹性,可以托起重量不是太大的物体,比如细细的铁丝。在铁丝表面没有完全被水浸润的情况下,水表面的张力可以托起铁丝。将一小段铁丝轻轻放在水面上,由于水的表面张力,铁丝能在不被浸润的情况下浮在水面上。有一种水蜘蛛就是靠腿上密布的细毛来增加水的表面张力,在水面上行走自如的。

11.10 肌肉运动

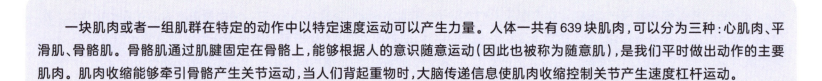

一块肌肉或者一组肌群在特定的动作中以特定速度运动可以产生力量。人体一共有639块肌肉,可以分为三种:心肌肉、平滑肌、骨骼肌。骨骼肌通过肌腱固定在骨骼上,能够根据人的意识随意运动(因此也被称为随意肌),是我们平时做出动作的主要肌肉。肌肉收缩能够牵引骨骼产生关节运动,当人们背起重物时,大脑传递信息使肌肉收缩控制关节产生速度杠杆运动。

12 碰撞

12.1 牛顿摆

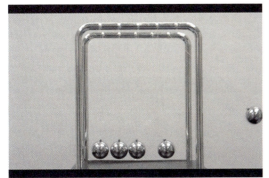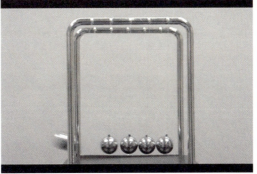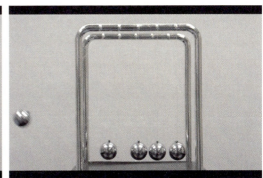

在理想情况下,完全弹性碰撞的物理过程满足动量守恒和能量守恒。因此,当一端的小球(碰撞小球)以一定能量碰撞球组后,它在特定方向的动量传递经过所有小球,导致另一端小球具有和碰撞小球同样大小的速度并弹出,而碰撞小球则停止运动。不过由于实验中小球间的碰撞并非完全理想的弹性碰撞,存在一定能量损失,因此,最终小球会静止下来。

12.2　台球碰撞

如果一个系统不受外力或所受外力的矢量和为零,那么这个系统的总动量保持不变,这就是动量守恒定律。动量守恒定律是自然界中最重要最普遍的守恒定律之一,它既适用于宏观物体,也适用于微观粒子;既适用于低速运动物体,也适用于高速运动物体。玩桌球游戏时,用球杆推动白球去撞击其他球(球的质量都相同),白球会与所撞击的球发生状态交换,白球静止,被撞击的球以白球的方向和速度运动。

12.3　果冻碰撞

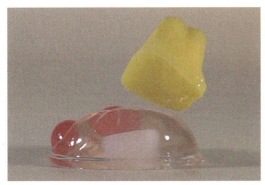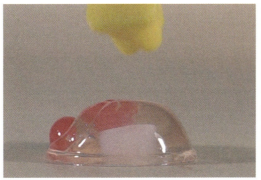

果冻由食用明胶做成，是一种软体物质，具有很大的弹性。当黄色果冻碰撞透明果冻时，黄色果冻因受到阻碍而发生形变并弹起，透明果冻则因突然受到外力而导致自身受力不平衡，也发生形变并在桌面滑动。由于果冻发生的形变是弹性形变，因此它能够在发生形变后迅速恢复原状。

12.4　溅起水花

水果在重力作用下下落，进入水中后，受到浮力作用。浮力指物体在液体或气体中上下表面所受的压力差。水果所受的浮力的方向一直是竖直向上的，其与重力合成后的合力是一个竖直向下的力，所以水果在水中仍会下落。

12.5 水流方向变化

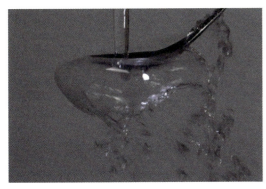 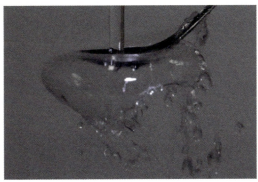 

水流由高处落到勺子上,由于勺子的材质均匀并呈拱形,水将向外呈圆弧状溅出。水从勺子溅出后在重力作用下做斜抛运动,在高速摄像机下可以清晰地看到水落到勺子上再溅出的过程。

12.6 溅起水滴

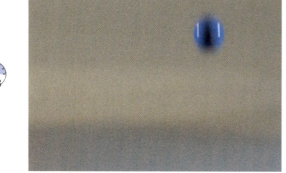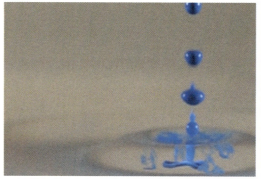

水滴可以在水面上跳动而不会立刻融入进去,是因为在水滴和水面之间有一层薄薄的空气膜分隔着它们。当能量消耗完之后,水滴就会静止在水面上,空气层的厚度慢慢变薄,直到水滴和水面直接接触。图中弹起的水珠是蓝色的,可以说明它来自滴落的水,而非水面。

12.7 篮球碰撞

在外力的作用下，物体发生形变，当外力撤销后，物体又能恢复原状，这样的形变叫作弹性形变。皮球从空中落下，重力势能转化成动能，在碰撞后转化为两球的弹性势能，两球分离后能量转化为它们的动能。小小的碰撞过程包含多种能量变化。

12.8 摔碎杯子

一只陶瓷杯落到硬地上会碎掉,这是我们都见过的现象,那么是什么导致它由完好无损变成碎片的呢?杯子下落后在受到地面的冲击作用时,冲击作用会诱使应力释放,使杯子在应力残留位置开裂,成为大小不一的碎片、粉末。开裂主要集中在浇口处或过度填充处。

12.9　砸普通玻璃

普通玻璃是一种透明的固体物质，在熔融时形成连续网络结构，冷却过程中黏度逐渐增大并硬化而不结晶，属硅酸盐类非金属材料。普通玻璃化学氧化物的主要成分是二氧化硅。它在被外力敲击时会碎成锋利的刀状，容易伤人。

12.10　砸钢化玻璃

钢化玻璃是将普通退火玻璃先切割成所要求的尺寸，然后加热到接近软化点的700℃左右，再进行快速、均匀的冷却而得到的。钢化处理后玻璃表面形成均匀压应力，而内部则形成张应力，使玻璃的抗弯和抗冲击强度得以提高。当玻璃受到外力破坏时，碎片会呈类似蜂窝状的钝角小颗粒，不易对人体造成严重的伤害。

12.11　酸奶滴落

 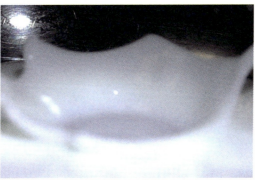 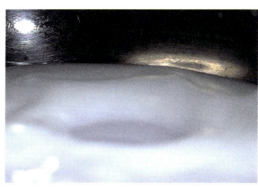

同水滴相比，酸奶浓稠度较高，滴落时间较长，而且与盘中酸奶接触时，酸奶滴的振动在酸奶中扩散所受到的阻力较大，所以形成波纹的速度也较为缓慢。

13 形变

13.1 水滴滴落

在液体表面附近的分子显著受到液体内侧分子的作用,即方向朝液体内部的表面张力。这个力使液体表面总是趋向于尽可能缩小的球形。水龙头出水口的水滴先是趋向于球形,在体积和质量逐渐增大后,受重力作用,水滴呈椭球形落下。

13.2 弹簧掉落

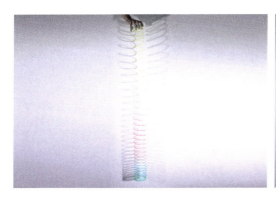  

弹簧玩具具有弹力,在弹簧玩具进行自由落体运动的过程中,弹簧玩具因受到力的作用,自身发生形变,其螺旋结构逐渐伸长,直到处于重力与弹力平衡的状态。当松开弹簧玩具上端后,弹簧玩具下端虽然受到重力的作用,但是在其上端完全下落之前上端提供的弹力仍然能够与下端所受的重力保持平衡,因此弹簧玩具一开始只是上端下落而下端暂时保持位置不变,直到上端下落到接近下端的位置时,弹力不再能够抵消重力对下端的作用,这时整个弹簧玩具会一起掉落。

13.3 扎破水气球

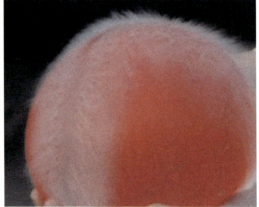
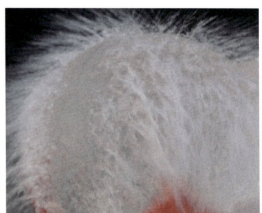

气球装满水后,气球壁表面积增大,厚度变薄。在针头接触球壁并扎入的瞬间,球壁破裂,但是里面的水具有惯性,保持原来静止的状态,因此可以看到扎破水气球的瞬间,液态水仍保持球体的状态。

13.4 捏碎鸡蛋

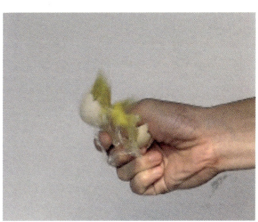

别看鸡蛋小小的个儿,要想徒手捏碎它并不是件容易的事。实际上,鸡蛋壳虽然薄,但是当我们用手握住一个鸡蛋时,由于它椭球形的结构,手的作用力会被分散到了蛋壳的各个地方,压强就小了。在高速摄影记录下鸡蛋被从侧面捏碎的瞬间,蛋壳破裂、蛋液飞溅的细节一目了然。

13.5 肥皂泡破灭

 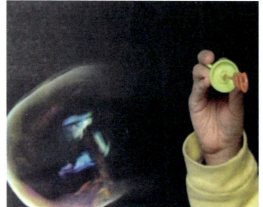 

肥皂泡上的彩色花纹是由光的薄膜干涉造成的：肥皂泡由于受重力作用，下面较厚，上面较薄，不同地方的光程差不同，所以形成干涉。肥皂泡的形成是因为液体（通常是水）的表面层有一种特定的向内的表面张力，它们会因触碰其他物体或维持于空气中太久（重力使肥皂泡顶部的肥皂水往下流，若长时间维持于空气中，当肥皂泡顶部没有肥皂液时，肥皂泡就会破裂）而破裂。

13.6 钢花

在室温下,钢辐射不可见的红外光,而被加热到500 ℃左右时,开始发出暗红色的可见光。钢水一般在1500～1700 ℃时能够发出白亮的光。在钢花表演中,钢水被表演者用力敲击之后变成细小的颗粒洒向夜空中时,高温的颗粒会形成如烟花一般绚烂的钢花。

13.7 气球反弹

装满水的气球具有弹性,在重力作用下竖直落到桌面时,水气球发生弹性形变,重力势能和动能转化为弹性势能。由于受到气球的束缚,气球内的水受到撞击时不能自由运动,再加上气球本身的弹性,最终出现综合的形变现象。反弹恢复形变时,弹性势能又转化为重力势能和动能。

13.8 吹破泡泡糖

吹泡泡糖时，泡泡糖破裂和气球爆炸的原理类似。口腔内空气被胶状物质包裹起来，随着气体的增多，胶状物质变得越来越薄，外壁耐压性减弱，里面压强增大，直到外壁受到的压力大于它的耐压力，口香糖形成的泡泡就破裂了。

14 振动

14.1 音响振动

面粉随着音响播放的声音而振动，恢复力使它向平衡位置运动，同时势能与动能相互转化。在动能为零时势能最大，偏离平衡位置的距离也最大。

14.2 音叉振动

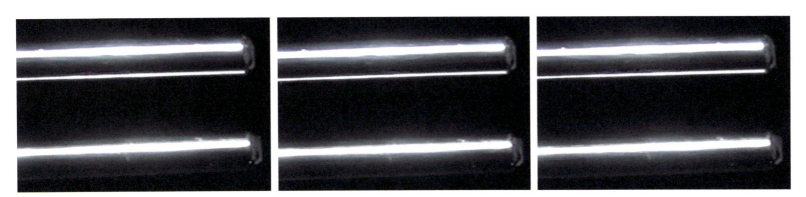

音叉是呈"Y"形的钢质或铝合金发声器,其可因质量和叉臂长短、粗细不同而在振动时发出不同频率的纯音。任何物体都有固有的振荡频率,也叫谐振频率。当将该物体置于它的固有频率也就是谐振频率环境中时,它会对该频率做出反应,甚至可以以相同的频率振动起来。

14.3 镲的振动

在镲上涂上一层水,鼓槌打击镲后,镲发生振动,带着表面的水振动形成细小的水滴。振动过程中,机械能逐渐转化为内能,最后机械能为零时镲就停止运动了。机械振动在弹性介质中的传播叫机械波,波动过程中传递的是振动和能量。

14.4 橡皮筋振动

把橡皮筋两弦拉开时,它会发生弹性形变,具有弹性势能。弹性形变越大,橡皮筋的弹性势能就越大。当撤去外力时,橡皮筋来回振动,弹性势能与机械能相互转化。

14.5　硬币自转

硬币转动时外力矩等于转动惯量乘以角加速度,当硬币自转时,不受外力,外力矩为零,由于硬币的转动惯量不为零,所以角加速度为零。因此在不考虑摩擦力的情况下,硬币以恒定的角速度旋转,可以保持转动、不倒。

14.6 打嘟

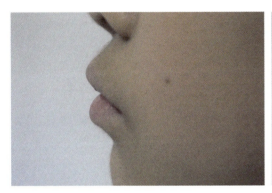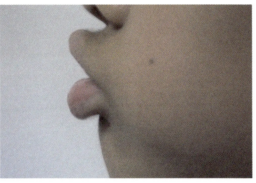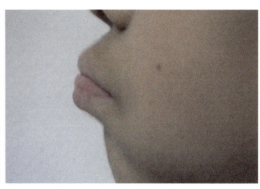

练声时的这一动作常常让我们感到脸部酥酥麻麻的。在高速摄影机下我们可以看到,由于口腔内的空气体积不断变化,压强也随之不断变化,造成了面部肌肉的收缩与膨胀变化。平时几乎看不出振幅的振动,而放慢速度后你会发现此时的面部收缩运动多么令人吃惊!

14.7 水的搅动

水被搅动时会形成漩涡,水底的漩涡直径到水面的漩涡直径逐渐增大(就像旋风)。漩涡表面的水的圆周速度相同,这就造成了它们的线速度不同,也就是由下到上水流速度越来越快,从而水下压强相对大于水上压强,这时候水底的物体就会浮上来。

14.8　弹簧振动

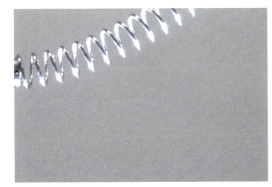
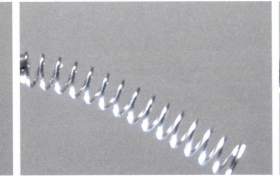

把弹簧掰弯时,它发生弹性形变,具有弹性势能。弹性形变越大,弹簧的弹性势能就越大。当撤去外力时,弹簧来回振动,弹性势能和动能相互转化。振动还要克服空气阻力做功,消耗能量,总能量为零时振动停止,这种振幅随时间减小的振动叫阻尼振动。

15 状态变化

15.1 干冰升华

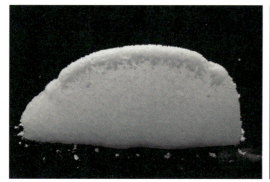

固体干冰变小是因为发生了升华。干冰升华时会从环境中吸热,直接从固态二氧化碳变为气态二氧化碳,而不经过液体状态,因此在干燥的环境下我们会看到干冰体积不断变小而不留下任何痕迹,直至完全消失。吸热导致空气温度降低,对水蒸气的溶解度变小。因此当大量干冰进行升华时,吸收大量的热,而空气中的水蒸气会因为空气温度降低,而液化凝聚成小水滴,这时人就看见白雾了。

15.2 冰晶形成（一）

冰晶是水汽在冰核上凝华增长而形成的固态水合物。在低温物体的表面，水蒸气不断失去热量凝聚形成冰晶，并且如同树枝一般生长蔓延。冰晶虽然看上去很美，但在工业上，如果金属元件（如冷库中的蒸发器）所使用的金属材料的表面形成冰晶，会对制冷系统的正常运行造成诸多不利影响。因而，这种情况下，要采取一定措施，如通过金属表面改性的方法，减少金属表面冰晶的形成。

15.3 冰晶形成（二）

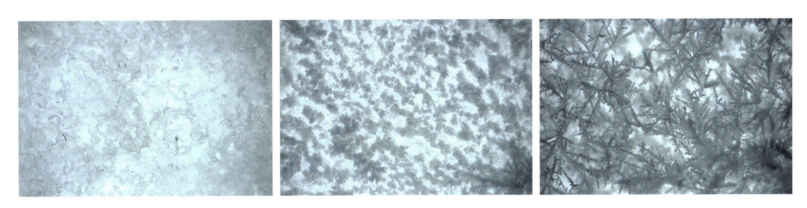

低温环境下，空气中的水蒸气容易在玻璃或金属表面冷凝结成冰晶。一开始会形成非常细小的绒毛状冰晶，接着这些冰晶会慢慢"生长"蔓延，形成冰花。

15.4 水滴结冰

 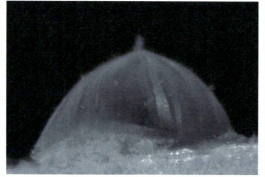 

在低温物体的表面滴一个小水滴,水滴很快就会冻结成冰,同时周围空气中的水蒸气也会持续在这个水滴形冰面上凝聚形成冰晶,并且慢慢生长,使得这个水滴冰异常优美。

15.5　干冰遇水（一）

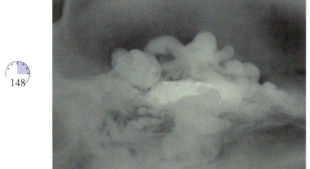  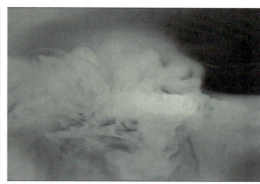

干冰遇水，尤其是遇到热水时会产生大量雾气。这是因为干冰升华会吸收大量热量，造成局部空气的温度迅速下降，空气对水蒸气的溶解度也随之减小，空气中的水蒸气液化凝聚成小水滴，而热水中蕴含大量的水蒸气，从而极易产生白雾。因而，干冰被广泛用于制作舞台、剧场、影视等的梦幻云海效果。

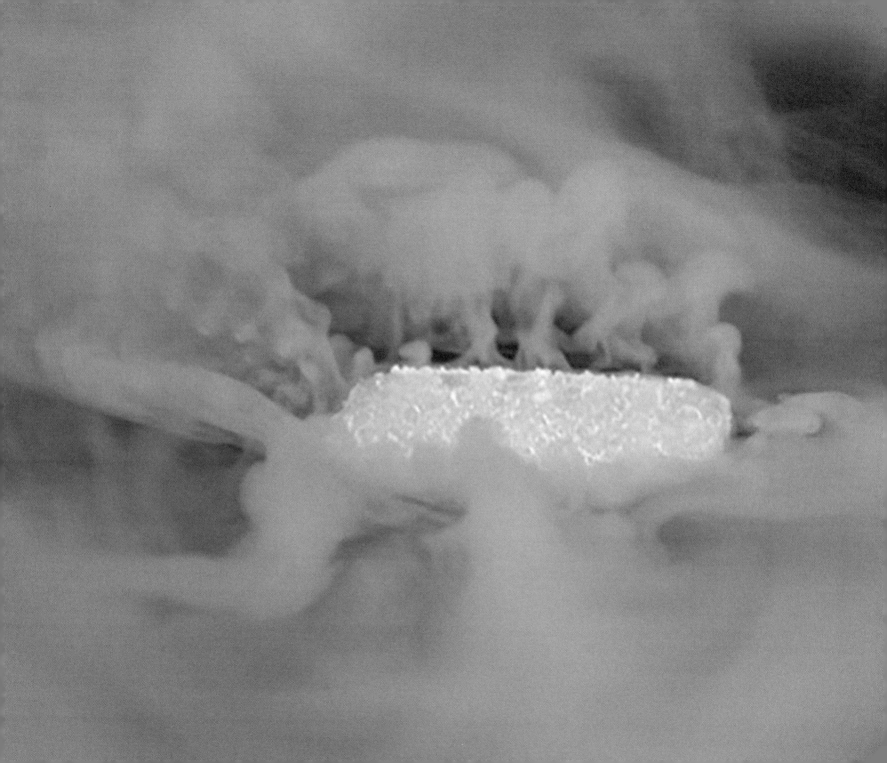

15.6 干冰遇水(二)

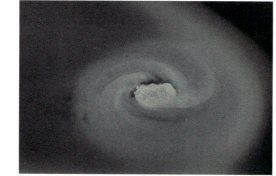 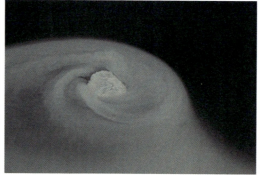 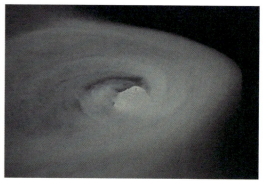

水的凝固点为0℃。把干冰置于水中,干冰气化吸收大量的热,周围的水很快凝固成冰块。由于干冰的比重比水大得不多,这些冰块会将块状干冰的四周和下表面包裹起来并浮出水面。这样一来,块状干冰只有上表面与空气接触,其余表面都与液态水隔绝,在干冰周围,水蒸气会快速冷凝形成雾气。这些雾气能影响干冰周围的气压,进而改变干冰在水面上的平衡状态,对干冰产生轻微的推力。在力的作用下,小块的干冰会在水面上旋转。

15.7 干冰遇水(三)

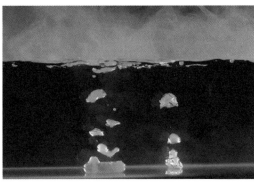

> 干冰的密度比水大,因而置于水中大块的干冰会沉入水底。干冰在水中吸热升华,迅速产生二氧化碳与水蒸气的混合气体,形成气泡。尽管二氧化碳可溶于水,但其在水中的溶解度非常低。当水中的二氧化碳饱和时,继续产生的二氧化碳及水蒸气气泡就会冒出水面了,像是水烧开后沸腾了一样。

15.8 干冰气球

置于气球中的干冰迅速升华产生二氧化碳气体,导致干瘪的气球逐渐膨胀。如果在气球中放入太多的干冰,干冰升华所产生的压力会引起气球爆炸,因而干冰不可长期置于密闭空间中贮存,而应置于通风良好处。同时,由于干冰升华导致空气中的二氧化碳气体浓度迅速上升,因此,人切忌长期处于有干冰的密闭空间。

15.9 干冰肥皂泡

将干冰放在盛有少量水的杯子里,干冰会快速升华,产生大量二氧化碳气体并且使水蒸气形成白雾。用浸透洗洁精溶液的棉条从容器的边缘拉过形成的一层膜,会被产生的大量二氧化碳吹起来,到达临界点后破裂。之所以选择洗洁精溶液,是由于其含有的表面活性剂能降低水的表面张力,有利于维持气泡的形状。同时,这层膜的表面反射光线和内膜、外膜之间互相反射的光线还会使得膜看起来五彩斑斓。

15.10 雪糕融化

雪糕融化的时间长短与温度、雪糕的形状和加工工艺等有一定关系,比如有的雪糕外层有一层"保护"脆皮,它一定程度上会让雪糕本身的升温速度变慢,因此雪糕融化得较慢。同时,有些添加剂,比如卡拉胶等胶质物,是用来增稠、改善口感的,其本身就比较黏稠,也会影响融化速度。

15.11 冰块融化

熔点是固体将其物态由固态转变（熔化）为液态的温度。进行相反过程（即由液态转为固态）的温度，称为凝固点。水的熔点在通常状态下为 0 ℃。

15.12　打开汽水

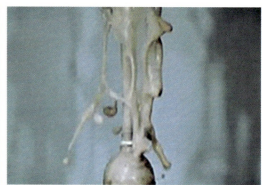

汽水里的二氧化碳是在高压下打入汽水瓶中并溶解在汽水里的,打开瓶盖的时候压力下降,二氧化碳的溶解度减少,析出的二氧化碳就变成气体排出并形成泡沫。如果打开汽水之前用力摇晃瓶子,瓶内会产生更多的二氧化碳,在瓶盖打开的瞬间汽水会喷出。

15.13 泼水成冰

在零下二三十摄氏度的气温之下,快速将开水向空中用力泼去,开水会迅速形成大量的、细小的液滴及水蒸气。这些水蒸气与环境之间的温度差很大,其中一部分会迅速地降温凝华成为冰晶,另外一部分则会形成类似云雾的效果。而小液滴则会保持液态直到落地。如果环境温度低于零下40 ℃,细小的液滴也会结冰。

16　结晶过程

16.1　硫酸铜

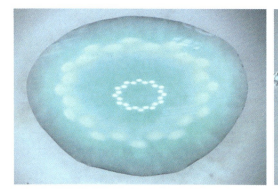  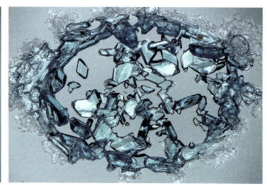

结晶是一种自然的或人为的固体形态形成的过程,在此过程中,原子和分子被高度组织成一种被称为晶体的物质结构。硫酸铜可溶于水,而且随着水温度的升高,同样体积的水能够溶解更多的硫酸铜。饱和的硫酸铜溶液失去水分时,硫酸铜晶体就会从溶液中析出,一开始变化非常缓慢甚至看不到溶液有变化,一旦有微小的结晶出现,结晶的速度就会加快。硫酸铜晶体是离子晶体,晶体结构中有铜离子、硫酸根离子,同时又可以同水分子中的氢离子形成氢键,这些离子以不对称的方式排列。将一滴饱和的硫酸铜溶液在室温下置于空气中,经过1小时左右,随着水分蒸发,溶液逐步析出晶莹剔透的蓝色晶体。硫酸铜晶体属于三斜晶系,是对称性最差的晶系。该晶系的特点是既无高次对称轴,又无二次轴和对称面,有的有对称中心,有的连对称中心都没有。

16.2　重铬酸钾

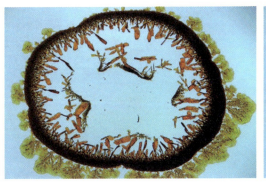
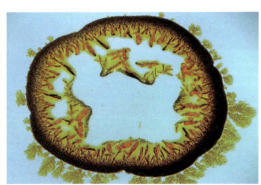

将一滴饱和的重铬酸钾溶液在室温下置于空气中,经过1小时左右,随着水分蒸发,溶液逐步析出橙红色的三斜晶体或针状晶体。重铬酸钾晶体同样属于三斜晶系离子晶体,晶体结构中钾离子、铬离子、氧离子不完全对称排列,导致其晶体形状对称性很差。重铬酸钾晶体在室温下微溶于水,易溶于热水,能够通过冷却或蒸发的办法得到。其结晶过程与硫酸铜溶液结晶过程相似。值得注意的是,重铬酸钾是一种有毒且有致癌性的强氧化剂,置于实验室中要注意安全。

16.3 醋酸钠

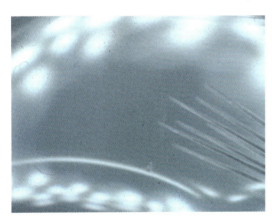
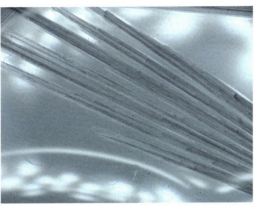
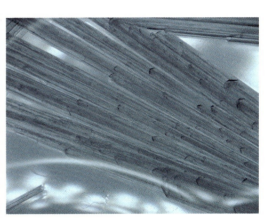

醋酸钠常态下为无色透明或白色颗粒结晶，在干燥空气中可被风化，可燃；易溶于水，在水中可发生水解；微溶于乙醇，不溶于乙醚。醋酸钠可通过过饱和溶液的冷却过程结晶。冷却的醋酸钠过饱和溶液会暂时处于一种亚稳态，当溶液受到某些刺激，例如加入一些固体的晶体或晃动使其产生微小的结晶时，则溶液状态会失衡，其中过多的溶质就会结晶。醋酸钠结晶又被称为"热冰"，是因为乙酸钠过饱和溶液稳态下像纯水，受到刺激后过多的溶质会像结冰一样迅速结晶，同时释放出热量。

16.4　氯化铵

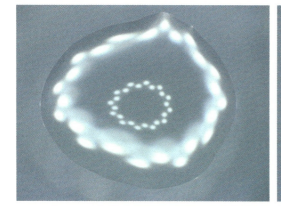
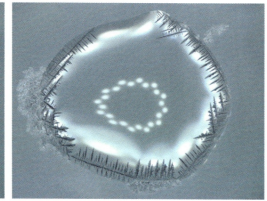

氯化铵是指盐酸的铵盐，多为制碱工业的副产品，是制造蓄电池和化肥的工业原料，多呈白色或略带黄色的方形或八面体小结晶。其分子晶体结构为简单立方点阵结构，1个铵根离子四周围绕8个氯离子，氯离子以化学键连接成立方结构，氯离子分布在立方结构的8个顶点上，而铵根离子位于立方体的中心位置。其结晶过程与硫酸铜溶液结晶过程相似。氯化铵的晶体结构使得氯化铵结晶的结构比较松散，在显微镜下观察犹如葱茏的冰晶状松林，被笼罩在白雾中，诗意盎然。

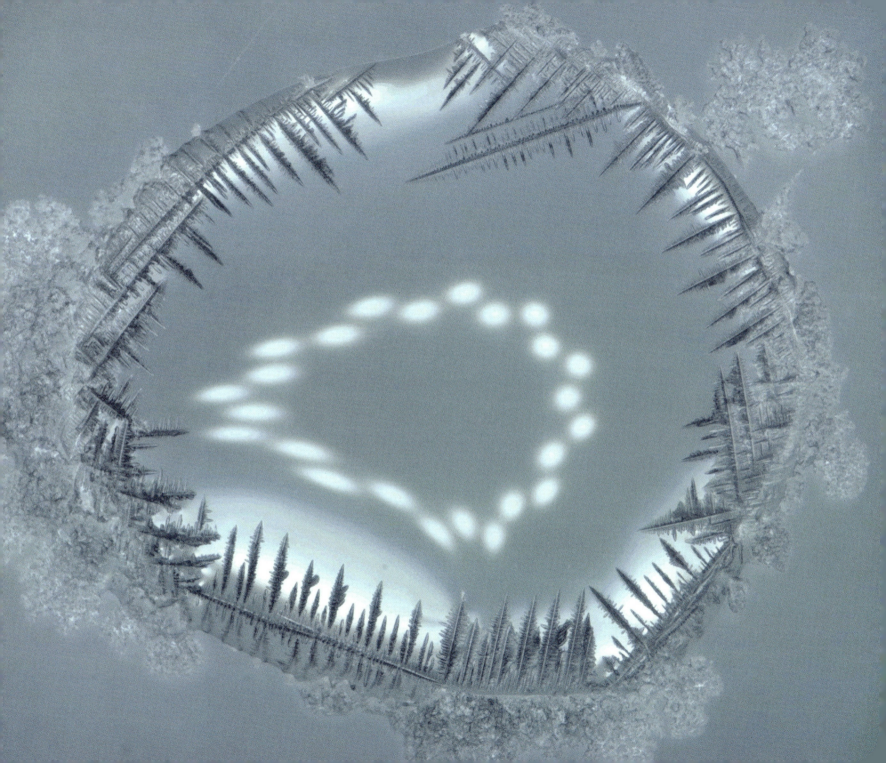

16.5　白糖

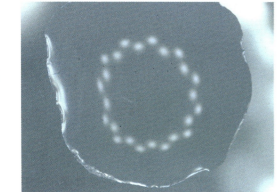
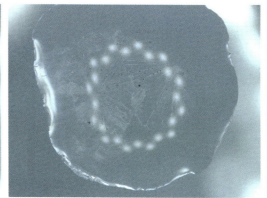
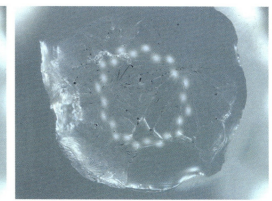

白糖主要是蔗糖结晶。工业上用甘蔗和甜菜榨出的糖蜜制成精糖，其色白、干净且甜度高。蔗糖的化学分子式为 $C_{12}H_{22}O_{11}$，是由葡萄糖及果糖各一个分子脱水缩合而成的非还原性的双糖，是光合作用的主要产物，是植物储藏、积累和运输糖分的主要形式。蔗糖极易溶于水，其溶解度随温度的升高而增大。此实验就是通过用水制作白糖过饱和溶液，在其自然蒸发状态下观察糖结晶过程。需要注意的是，直接加热蔗糖结晶至 160 ℃，蔗糖就会熔化成为浓稠透明的液体，冷却时又重新结晶；而且如果延长加热时间，蔗糖就会分解为葡萄糖及脱水果糖。

16.6 食盐

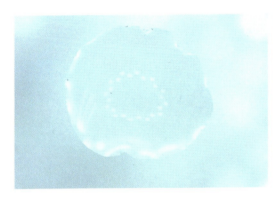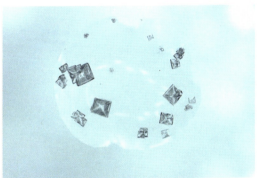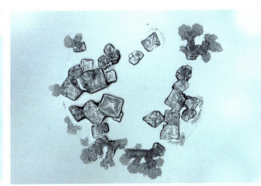

食盐是家庭必备的调味品,其主要成分是氯化钠,也含有钡、镁、钙等杂质。当钙、镁含量高时,食盐有苦味,若含氟过高则会引起中毒,所以要对食盐进行提纯。去除钡、镁、钙杂质后,氯化钠的进一步提纯一般使用结晶法。氯化钠的结晶过程与硫酸铜溶液结晶过程相似。显微镜下观察氯化钠(食盐)晶体可以呈现完美的立方体,仿佛剔透的白色水晶块。这是因为氯化钠晶体是典型的立方晶系(对称轴相等)的离子晶体,在氯化钠晶体中,每个氯离子的周围都有6个钠离子,每个钠离子的周围也都有6个氯离子。钠离子和氯离子按照这种对称性的位置关系和具有周期重复性的排列方式向空间各个方向伸展,形成氯化钠晶体。

16.7　味精

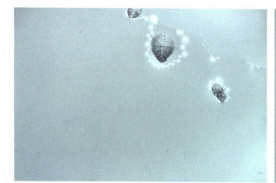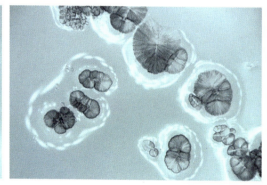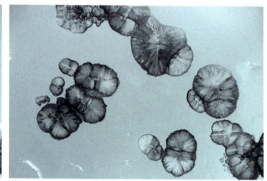

味精的学名是"谷氨酸钠",主要成分是谷氨酸和食盐,成品状态为白色柱状结晶或结晶性粉末。谷氨酸钠(即味精)的水溶性很好,但饱和的谷氨酸钠溶液在自然蒸发状态下也能够进行微量的结晶。通过显微镜可以观察到肉眼所看不到的谷氨酸钠的结晶形态,犹如美丽的冰晶绒花,从中心向外围有放射状纹路。然而能观察到这种形态是受角度影响的,因为谷氨酸钠属斜方晶系离子晶体,钠离子、酸根离子等排列相对有序,但三条结晶轴彼此相互垂直且长度皆不同,故而在显微镜下观察呈现为棱柱状八面体。

16.8　内酯

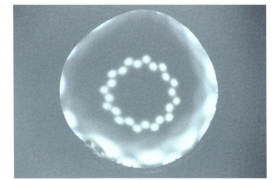
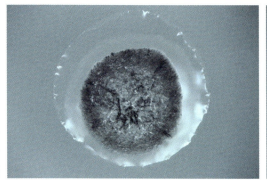
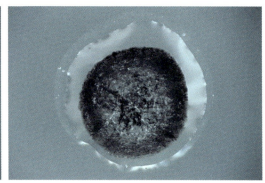

葡萄糖酸-δ-内酯中文名称为葡糖酸内酯，简称为内酯或GDL。它溶于水后水解，得到葡萄糖酸和葡萄糖酸-δ-内酯的平衡溶液，通过浓缩蒸发水解产物会再次结晶生成葡萄糖酸-δ-内酯晶体。这个过程形成的葡萄糖酸-δ-内酯和葡萄糖酸混合在溶液中呈细微的絮状结构，在光线的折射下呈现黑色。内酯在常温下一般是白色晶体或结晶粉末，味先甜后酸，几乎无臭味，是一种用途十分广泛的食品添加剂，可用作凝固剂、防腐剂。用内酯制作的豆腐或者奶酪，质地细腻、口感嫩滑、无异味，并且不易变质。下页为用内酯作为凝固剂制作的豆腐脑。

17 神奇材料

17.1 笔头钢

在重力作用下,油墨落在笔尖圆珠表面,书写时圆珠与纸面直接接触产生的摩擦力,使得圆珠在球座内滚动,带出其表面的油墨或墨水并在纸张上留下印记,从而达到书写的目的。不同于普通钢材,笔头钢直径仅为2.3毫米,最顶端部位厚度仅为0.3~0.4毫米,需要既容易切削、加工时又不易开裂的材料,因此在制作过程中采用在钢水中以"喂线"法加入工业添加剂的方式,使之均匀融合,形成新型不锈钢。

17.2　磁流体

磁流体在磁场的作用下会发生形变,产生优美的造型。使用强磁铁接近盛有磁流体的容器底部时,磁流体的表面就会开始形成刺状结构,磁铁距离容器底部最近时,磁流体产生的刺状结构密集而低矮,磁铁距离容器底部稍远一点时,磁流体产生的刺状结构反而较高,但是密集度降低。注意不能把磁铁直接放在磁流体上方,这样会导致大量磁流体"粘"在磁铁上不易清除。磁流体是把纳米数量级(10纳米左右)的磁性粒子包裹一层长链的表面活性剂,均匀地分散在基液中形成的一种均匀稳定的胶体溶液,由纳米磁性颗粒、基液和表面活性剂组成。磁流体具有液体的流动性和固体的磁性,这使得磁流体呈现出许多特殊的磁、光、电现象,如法拉第效应、双折射效应和二向色性等。

17.3　荷叶疏水

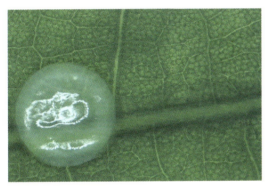 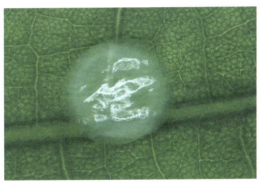 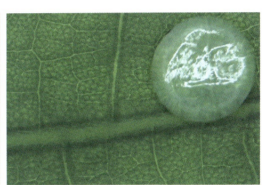

水滴落在荷叶上，会变成一个个自由滚动的水珠，并且能够完美地保持圆形状态，稍倾斜荷叶，水滴就会顺滑地在荷叶上滚动而不是沾在上面。科学家们发现，荷叶的表面有许多微小的平均尺寸在10微米左右、平均间距在12微米左右的乳突，每个乳突又由许多直径为200纳米左右的突起组成，形成无数密密麻麻的"小山"。"小山"与"小山"之间的"山谷"非常窄，小水滴只能在"小山"之间跑来跑去，难以钻到荷叶内部，这使得荷叶成为一种绝佳的天然疏水材料。这种结构为化学疏水材料的生产提供了重要的启发。

17.4 记忆合金(一)

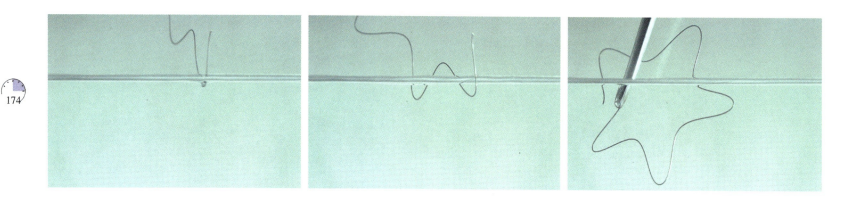

将一个用记忆合金细丝制作的五角星拉至变形,放入热水中,进入到热水的部分会迅速恢复原本的形状,当全部放入热水之后,五角星可完全恢复。记忆合金是一种原子排列很有规则、体积变化小于0.5%的马氏体相变合金。这种合金在外力作用下会产生变形,把外力去掉后,在一定的温度条件下,它能恢复原来的形状。它之所以具有变形恢复能力,是因为变形过程中材料内部发生热弹性马氏体相变。由于它具有百万次以上的恢复功能,因此被叫作"记忆合金"。

17.5　记忆合金(二)

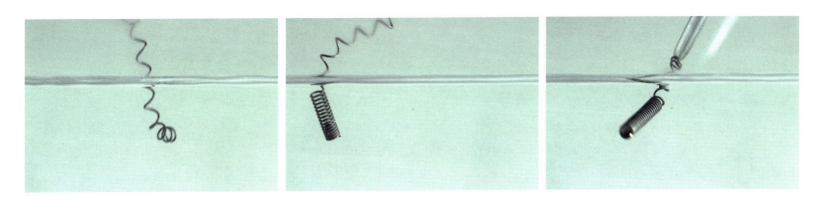

　　记忆合金具有超弹性,在外力作用下,具有比一般金属大得多的变形恢复能力。将一个用记忆合金细丝制作的弹簧拉至变形,放入热水中,进入到热水的部分会迅速恢复原本的形状,当全部放入热水之后,弹簧可完全恢复。这一性能在医学和建筑减震以及日常生活方面得到了普遍应用,例如人造骨骼、伤骨固定加压器、牙科正畸器等。用形状记忆合金制造的眼镜架,可以承受比普通材料大得多的变形而不发生破坏。记忆合金因其形状记忆效应广泛应用于各类温度传感器的触发器中。

17.6 气凝胶

将喷灯对着气凝胶材料灼烧,朝向火焰的一面很快被烧得发出亮黄色的光芒,而其背面却仍然仅仅是温热,灼烧了一会之后背面的温度才缓缓上升。基于这种良好的阻热性能,气凝胶成为优良的防火材料,甚至被用于制作防火服。当凝胶脱去大部分溶剂时,凝胶中液体含量比固体含量少得多,或凝胶的空间网状结构中充满的介质是气体,其外表呈固体状,即为干凝胶,也称为气凝胶。气凝胶因其半透明色彩和超轻重量,有时也被称为"固态烟"或"冻住的烟"。这种新材料看似脆弱不堪,其实非常坚固耐用,最高能承受1400 ℃的高温。气凝胶的这些特性在航天探测上有多种用途。

17.7 镓融化

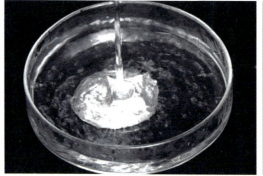
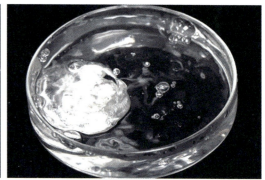

金属镓的熔点很低,只有29.76 ℃。当向镓上倒入温度40 ℃以上的热水时,镓受热至熔点而熔化,从坚硬的金属固体变成流动的液体。液态镓很容易过冷,即冷却至0 ℃而不固化,能浸润玻璃,故不宜使用玻璃容器存放。镓可用于半导体工业,制作发光二极管和砷化镓激光二极管。

17.8 蚕茧拉丝

经过蒸煮,蚕茧中的蚕丝就会较为容易地被分离出来,用四个指头就可以将蚕茧展开,再将其绷在工具上,即可展现很薄的蚕丝的编织结构。蚕丝是自然界中最轻、最柔、最细的天然纤维,撤销外力后可轻松恢复原状,因而被广泛应用于衣料领域。优质蚕丝为乳白色、略黄,蚕丝表面有柔和光泽,不发黑、不发涩、丝质绵长,拉开表面蚕丝后,内部无成团的絮状碎蚕丝。蚕丝强伸力越好,品质越佳。

17.9 黏性麦芽糖

麦芽糖是在大米中加入一定数量的大麦芽,通过发酵、取汁、熬制而成的。刚刚熬制成功的麦芽糖颜色金黄像琥珀,为胶体状态,无结晶。麦芽糖具有很好的黏性,可以被不断拉伸,但是在拉糖师傅用拉糖棍不断拉扯、绞动后,大量空气会进入麦芽糖里,麦芽糖会变得疏松膨胀。同时在拉糖过程中,空气的进入使得麦芽糖密度减小,麦芽糖会变成微小的结晶状态,由于晶体的折射作用导致光线不能透过,所以被拉扯过的麦芽糖不再是金黄色,而是呈现白色且表面有光泽感。